たった5秒のあいさつでお客様をザクザク集める法

渡瀬 謙
Watase Ken

同文館出版

はじめに

たった5秒あいさつしただけで集客できる!?

おそらくあなたは今、「そんなバカな」と思っていることでしょう。そんな簡単に集客できたら、苦労はないじゃないか、と。

しかしその一方で、「もし、それが本当ならいいなあ」とも感じたからこそ、この本を手に取ったのではないでしょうか。

はっきり言いましょう。本当です！　本当に、5秒のあいさつだけで集客することができるのです！

さらに言うと、アナウンサーや芸人のように、流暢で人をひきつける面白いしゃべりをする必要もありません。相手に強烈なインパクトを残したり、みんなをジョークで笑わせる必要もないのです。

この本は、目立って注目を集めようとするものではありません。そもそも、私自身がそんなことができるタイプではありません。

その証拠というのも何ですが、私は幼い頃から、内気で無口な子供でした。小・中・高校生時代はクラスで一番目立たない生徒で、授業中も自分から手を上げて発言するなど、まったくできませんでした。

それは、大人になってからも変わることはありません。人前で何かを発言するなど、目立つようなことをするのは本当に苦手でした。スピーチはもちろんのこと、簡単な自己紹介ですら、満足にできませんでした。

そんな私ですから、派手なパフォーマンスで人の注意をひきつけるなど、できるはずがないのです。

そして、そんな私だからこそたどり着いたのが、この**「5秒あいさつ集客法」**です。

これを使うことで、内気な私でも大声を上げることなく、自然体でアピールができるようになりました。しかも、来てほしいと思っていたお客さまが、どんどんやって来て声をかけてくれるのです。

ガンガンと攻める営業ができない私にとっては、相手から来てくれるスタイルはまさに理想でした。それまでの「営業しなくては」「もっと売り込まなければ」「目立たなくては」というプレッシャーから開放されて、精神的に本当にラクになりました。

今では、まったく営業しなくてもすむようになったのです。

そんな体験を、より多くの人に体験していただきたいと考えて、数年前からセミナーを行なうようになりました。セミナーのタイトルは、「5秒であなたのまわりに人が集まる『自己紹介営業』」というものです。そのセミナーの冒頭で、私はこう言います。

「では、各自隣の人に自己紹介をしてください。ただし、時間は5秒です」

すると決まって、「え〜っ」という参加者からのリアクションが返ってきます。そんなの無理だよ、という反応です。それでも強引にやってもらうと、ほとんどの人が言い足りないまま終了となってしまい、やや不満そうな表情をします。

その後、講義とワークを行なった後、最後にもう一度自己紹介の時間を設けます。

すると、最初は仕方なく行なっていた自己紹介ですが、今度はみんな楽しそうに話しはじめます。明らかに表情が変わるのです。

そして、何よりも変わったのが、聞いている人の態度です。話している相手に対して、明らかに関心を持って聞いているのがわかります。

そして、「おお〜」という感嘆の声や拍手が起きます。セミナー終了後も、それぞれ話が弾んでなかなか帰ろうとしません。

当たり前のことですが、あいさつというのは、話し手だけでなく聞き手の存在が重要、ということがよくわかります。その双方を引き合わせるのが、本書でお伝えする「5秒あいさつ」なのです。

本書は、このセミナーで行なっている内容を膨らませて、自己紹介だけでなく、ふだんからのあいさつにまで応用していただきたいという思いから執筆しました。

これを使うことによって、いつもあまり意識しないでやっていた**あいさつが、「集客ツール」へと変わっていきます。**

自分の発言に相手が反応して、それが成果に結びつくというのは気持ちのいい感覚です。

ぜひ、あなたもその感覚を味わってください。

そして、本書の目的はあくまでも「集客」ですが、この5秒あいさつのもうひとつの効果として、普通のあいさつが楽になるということもお伝えしておきます。セミナーや会合などでの自己紹介が苦手という人は多いと思いますが、この5秒あいさつを使うと、ストレスなく簡単にあいさつができるようになります。

ぜひ、これをマスターして、今後のあなたのビジネスを向上させていってください。

2011年4月

有限会社ピクトワークス　代表取締役　渡瀬　謙

CONTENTS

たった5秒のあいさつでお客様をザクザク集める法

はじめに

序章 口ベタであがり症の私でもこの方法ならできた！

自己紹介のあいさつなんて大嫌いだった 12
セリフを少し変えただけで反応が激変！ 16
誰でもできる！　簡単に集客できる仕組み 20

1章 あなたのあいさつ、ホントにそれでいいの？

何も言えなかった私の大失敗 24

あなたは、名刺交換のとき何を言っていますか？　26
自己紹介の場を、単なる儀式だと思っていませんか？　30
名前を憶えてもらうことが本当の目的？　33
あなたの印象、ホントにそれでいいんですか？　35
あなたの懸命な売込みなど、誰も聞きたくない！　39
パーティーで集めた名刺など何の役にも立たない！　42
せっかくの集客チャンスを最大限に活かすには？　45

2章 たった5秒のあいさつがビジネスを大きく左右する！

5秒あいさつで、初めて売れた瞬間！　50
500倍を勝ち取った名刺交換　52
5秒あいさつを使った活用事例　55
集客が楽になるとビジネスが加速する　72
自分にとって、理想のお客さまだけを集客できる　76

3章 あなたにも簡単にできる！　5秒あいさつの作り方

今までのあいさつとはここが違う　82
あなたの最初のターゲットを決める　84
ターゲットの簡単な見つけ方　89
あなたは、いったい何屋ですか？　95
提供したいものを決める際のポイント　99
5秒あいさつの基本形は「誰に」「何を」　105

4章 5秒あいさつでもっと効果を上げるには？

ターゲットの絞込みは逆に集客を広げてくれる　114
「何でもできます」では、何もできないのと同じ　119
「誰に」、「何を」に「誰が」をプラスする　124
「誰が」は、意図して作り上げるもの　128

「過去の実績」がないときは、「未来の展望」を使う　131
しゃべる以外にも、伝える方法はある　135
そもそも、5秒あいさつとは営業戦略である　138
トライ&エラーでブラッシュアップ　141
「弱み」が「強み」に変わることを知ろう　143

5章 5秒あいさつの場面別応用例

セミナーでの自己紹介で効率のよい集客を！　148
いかに質問されるかが異業種交流会のコツ　151
名刺交換の一瞬で、相手に強く印象づける　154
営業の飛び込みやテレアポでも有効　157
ホームページやブログのキャッチフレーズに活用　162
ツイッターの自己紹介もこれで決まり！　166
広告や看板に使って集客効率をアップさせる　168

6章

お客さまを集めた後の準備も万全に！

「売り込まない集客」が今後の主流に 172
意識すべきは「目の前のお客さま」ではない 176
5秒あいさつの真価は「口コミ」を発生させること 179
大勢に伝わらない工夫をしよう 185
心地よい距離感を心がけよう 187
フォローツールを用意しておく 190
集客とは、お客さまにアクションしてもらう仕組みづくり 194

おわりに

装丁　田中正人（モーニングガーデン）
本文デザイン・DTP　山本加奈・榎本明日香（ジャパンスタイルデザイン）

序章

口ベタであがり症の私でもこの方法ならできた！

自己紹介のあいさつなんて大嫌いだった

セミナー会場での恐怖の瞬間

「では、せっかくですから、最初に一人ずつ自己紹介をしていただきましょう」

司会の人からこのようなセリフが出ると、私はいつも激しく動揺していました。ここは、とあるセミナーの会場。友人に誘われてセミナーに参加していた私は、まだはじまったばかりなのに、もうその場にいたたまれなくなっていました。

何で、セミナーを聞きに来ただけなのに、わざわざ自己紹介なんてやらされなきゃいけないんだ！　それを先に言ってくれれば、絶対に参加しなかったのに！

そんな私の気持ちなどおかまいなく、みんな当たり前のように淡々と自己紹介をしています。もちろん、私に人の話など聞いている余裕はありません。自分が何を言おうかと考えるのに精いっぱいだからです。しかし、どんどん順番が迫ってくると、考えすらまとまらず気持ちは焦るばかりです。

そして、いよいよ私の番がまわってきました。

仕方なくゆるゆると立ち上がって、ややうつむき加減になりながら、

「あの、こんにちは。有限会社ピクトワークスの渡瀬謙と申します。

………、え〜と……（しばし沈黙）……よろしくお願いします」

と言い終わると、隠れるように着席しました。

またダメだった！　わざわざ鏡で見なくても、自分の顔が真っ赤になっているのがわかりました。さらに、シャツの背中は汗でびっしょり濡れています。言おうとしていたセリフなどすっかり頭から飛んでしまって、残るのは嫌な気分だけ。私にとって、人前での自己紹介というのは、苦痛であり恐怖でしかなかったのです。

あなたはいかがでしょうか？　セミナーや異業種交流会などでの自己紹介はうまくできているでしょうか？

私ほどではないにせよ、自己紹介が苦手だという人は少なくないと思います。

人前で話をすると極度に緊張してしまう

私は、小さい頃からとてもおとなしい性格で、学校でもほとんどしゃべらず一人でいることが多い子供でした。人前で何か言おうとすると、緊張して顔が熱くなり、全身から汗が吹き出てきます。そうなる自分自身が嫌で、なおさらしゃべらなくなりました。それは、大人になってからも変わることはありません。

株式会社リクルートで営業をやっていたとき、運よく全国営業達成率でトップになったことがあります。営業は、基本的にお客さまとの一対一の関係なので、慣れればそれほど緊張しなくてもすんでいました。

ところが達成率トップになると、期末の総会で表彰されます。大きな会場で、数百人の社員の前で賞状を渡され、しかもひと言スピーチをしなければなりません。

私は、このスピーチがどうしても嫌で、自分の名前が呼ばれる前に会場から逃げ出してしまった経験があります。もちろん、後で上司に叱られましたが、大勢の前でしゃべらされるくらいなら、怒られたほうがマシだと思っていました。

そんな私にとってセミナーなどでの自己紹介は、「嫌な気持ちになるだけ」のものでしかありませんでした。

主催者としては、参加者同士の親睦をはかるためと考えているのでしょうが、そんなことは、私にはよけいなお世話です。

そもそも、他人の自己紹介などみんなほとんど聞いていないし、名前も社名も記憶に残りません。ある意味、仕方なく儀式のようにやっている人が少なくありません。

それでも人が集まる場所に行くと、否応なく自己紹介やあいさつはついてまわります。そこで、自分だけがパスすることは許されません。

もし、どちらにしてもやらなければならないとしたら、少なくとも嫌な気分にならないようにできないものか、と私は考えました。

セリフを少し変えただけで反応が激変！

初体験！　自分の話にみんなが注目！

その場の思いつきやアドリブで話をすることは、口ベタであがり症の私にはとても無理。それは明らかでした。子供の頃から、人前で話したりウケようとする努力を日常的にしてこなかったからです。つまり、下地がないのです。

それでも、何かしら話をしなければならないとしたらどうするか？　方法としては、その場でしのごうとするのではなく、あらかじめセリフを準備しておくしかないと私は考えました。しかし、長いセリフはうまく言える自信がないので、できるだけ短い言葉にする必要があります。

私は、それを必死に考えました。

どんな言葉を使えば効果的なのか？

どう言えば、みんな聞いてくれるのか？

考え抜いた結果、ようやくひとつの答えらしきものを見つけました。

そして、いよいよ本番。あるセミナーに参加すると、やはりというか自己紹介をすることになりました。私は、事前に準備してきたセリフを頭の中で復唱しながら、自分の番が来るのを待ちました。さあ、私の番です。

そのときの私の自己紹介は、時間にしてたったの「5秒」でした。自分でも、少し短すぎたかなと思ったほどです。二言三言だけしゃべって、すぐに席に着きました。

しかし、明らかにそれまでとは違う感触があったのです。

「ほう〜！」「へえ〜！」など、会場のあちこちから言葉が飛んできました。それまで下を向いていた人も、顔を上げてこちらを見ています。それまでは、自分の発言で人に注目された経験などなかったので、逆にドキドキしてしまいました。

われながら大成功でした。

初対面の人たちに、たった5秒のあいさつをしただけで、こんな私でも関心を持っていただくことができたのです。ふだんは、人前に出ることが苦手な私ですが、こういう注目のされ方なら、むしろうれしいことなのだと初めて気がつきました。

不思議と、そのときは少し顔がほてった程度で、以前のようにあがることもなく、私はそれだけでもホッとしたことを憶えています。

そのときのセリフについては、後の章でじっくりと解説します。

「もっと話を聞かせてください！」と人が集まってくる

しかもうれしいことに、豪華なおまけがついてきました。

そのセミナーが終わった後で、数名の人が私のところへやって来て、名刺交換を求めてきたのです。単に名刺を交換するだけでなく、私の仕事について突っ込んだ質問をしてきました。明らかに、**興味を持った「問い合わせ」**です。

「これって、見込み客!?」

その人たちのうちの何人かはその後、私の本を買ってくれたり、セミナーに申し込んでくれたり、何度かメールのやり取りをした後で研修を依頼してくださるなど、きっちりと「お客さま」になってくれました。

その集客のために私が行なったことは、たった5秒のあいさつだけです。

それまでは、どんなに名刺を配っても、こちらに関心を寄せてくれることなどなかったのに、**たった5秒のあいさつだけで見込み客が向こうからやって来る**なんて！

「これはスゴイぞ！」

人が集まる場所に出かけて行って、5秒のあいさつをするだけで集客ができるのですから、こんなに楽なことはありません。もちろん、性格的にパーティーや交流会などに参加するのは苦手です。それでも、最小限のがんばり（5秒だけの人前でのあいさつ）で楽に集客できるのなら、やる価値は十分にあると思いました。

私は、人に営業を教える立場ではありますが、実際のところ自分自身を売り込む営業が苦手です。できれば、やりたくないと思っています。自分から率先して、名刺交換をお願いすることすら苦手な私にとって、この5秒あいさつによる集客法は、まさに私にピッタリの営業法だったのです。お金も時間もかからないし、何よりストレスがかかりません。

その後、自分なりにいろいろなパターンを作り、場所や目的に応じて、あいさつを使い分けるようになり、より確度の高い集客ができるようになりました。

誰でもできる！簡単に集客できる仕組み

コストゼロで見込み客が集まる！

集客というと、チラシを大量に配ったり、テレビや雑誌やネットなどでガンガン広告を打つなど、とにかく「目立たなければならない」と思われがちです。派手な看板を出したり大声をあげたり、外に向かって力いっぱいアピールしないと、集客できないと考えている人も少なくありません。もちろん、私も以前はそう考えていました。

たしかに、大量に情報をばら撒けば、ある一定の効果は出るでしょう。ただし、それには膨大な費用と時間と労力がかかることを覚悟しなければなりません。

多くの中小企業や私のような個人レベルの会社では、そのような集客はやろうと思ってもできないのが現状です。しかし、そんなことをしなくても集客できるとしたらどうでしょう。

人前で5秒あいさつするだけで、見込み客が勝手に集まってくるとしたら？

もちろん、効果の出る5秒のあいさつを作るには、ある程度の考える時間はかかります。しかし一度作ってしまえば、後はもう**コストゼロで、何度でも繰り返し使えます。**デザインしたりビジュアル表現を工夫する必要もなく、普通に言葉さえ使うことができれば誰にでもできるのです。

しかも、無理に注目されようとしたり大声を出す必要もありません。私のように、できれば目立ちたくないと思っている人でも効果が出せる方法なのです。

5秒あいさつは集客の基本形

私は最初、この5秒あいさつを自己紹介の場だけで使っていました。しかしそのうちに、もっと別のところでも応用できることに気がついたのです。

具体的な内容については、各章でくわしく述べていきますが、それ以来、**私は自ら営業をする必要がなくなりました。**こちらから、アプローチすらしないのです。

現在ではすべて、相手からの問い合わせや依頼という形で仕事が発生しています。

私は、その依頼を「引き受ける」か「断るか」の選択をするだけなのです。

気分的に楽なのはもちろん、自分に合わない仕事や苦手なことをする必要がなくなり、自分にとって最も得意とする分野に集中できるようになりました。

これこそが、まさに**本当の集客**だと思っています。

大量のチラシからの反響を待っていたり、展示会を開いてそこで集めた名刺をリストにしてアプローチをするよりも、明らかに効率が上がります。

100件にアプローチして1件の注文を取るのと、数名から声がかかって、その中から1件を選ぶのとでは、どちらが効率的かは明らかです。

さらに言うと、チラシや広告などを作成する際にも、この5秒あいさつを応用すれば格段に効果が上がるのです。

集客をしようと思ったときの基本形が、ここに凝縮されていると言っていいでしょう。

さて、この後の章では、5秒あいさつの効果をじっくりと理解していただいたうえで、実際にあなた自身の5秒あいさつの作り方を解説していきます。

私のような口ベタで目立つことが苦手な人間でも、もう営業しなくてもすむほど大きな効果が出るものなので、誰にでも簡単にできるはずです。

1章

あなたのあいさつ、ホントにそれでいいの？

何も言えなかった私の大失敗

エレベーターで昔の知人とバッタリ!

以前、私はデザイン制作の仕事をしていました。現在の営業コンサルタントに仕事を変えて間もない頃、かつてデザインの仕事でお世話になっていた会社に行ったときの話です。そこで、私は大きな失敗をしました。

ある日、たまたまその会社の近くまで来たのであいさつをしようと思い、その会社に立ち寄ったときのことです。社内のエレベーターに乗ると、運よく当時一番仲よく仕事をさせていただいた人とばったり出会ったのです。

「あ、こんにちは! ご無沙汰しています」

「おお、久しぶり! 元気? 今何をしているの?」

そのさりげない問いかけに対して私は、「はい、まあ、ボチボチと営業を教えたり、本を書いたりしています」と答えました。すると彼は、「ふ~ん、そうなんだ。すごいねえ。

がんばってね」と言って、すぐに自分の階が来たので降りて行きました。

それをボーッと見送った直後、「しまった！」と、私は激しく後悔しました。何で、もっとしっかりと自己ＰＲができなかったのかと。

そのときは、まだコンサルタントの仕事をはじめたばかりで、一社でも多くのお客さまがほしい時期でした。しかも後で聞くと、エレベーターで一緒になった彼は、その会社の専務になっていて、大きな決裁権を持っていたのです。

それなのに私は、グダグダの説明しかできませんでした。あれでは、仕事が発生するきっかけにすらなりません。**あそこで、もっときちんとしたアピールができていたら、仕事につながった可能性もあったはず**です。

エレベーターの立ち話で私に与えられたチャンスは、まさに「５秒」でした。

それがきっかけで、私は「５秒あいさつ」の重要性を体験したのです。

さて、この章では、まずあなたがふだん行なっているあいさつについて見ていきます。

私と同じように、あなたも今までに大きなチャンスを逃していたかもしれません。

あなたは、名刺交換のとき何を言っていますか？

「はじめまして」では仕事につながらない

ビジネスで初対面の人と会うときは、たいてい名刺交換からはじまります。お互いの名刺を差し出し合って、小さなあいさつを交わすのが通常です。

そのとき、あなたは何と言っていますか？

「はじめまして」
「よろしくお願いします」
「○○会社の△△と申します」

などと言っているのではないでしょうか？

もちろん、それは間違いではありません。名刺交換のときには、社名と名前を言いましょう、とビジネスマナーの本にも書いてあります。

たしかに、それは間違いではないし、私自身もずっとそうしてきたのですが、今ではもったいないと思うようになりました。

なぜなら、**初対面の相手に自分自身を強くアピールできるチャンスなのに、それをみすみすムダにしているから**です。

「はじめまして」だけで、相手に好印象を残せるでしょうか？

「よろしくお願いします」と言って、本当によろしくされた経験がありますか？

社名と名前を言っただけでビジネスにつながることなど、よほどの知名度がない限りあり得ません。

名刺交換のときに当たり前のように言い続けていることに対して、まず疑問を持ってみることからはじめましょう。

記憶に残らない名刺交換はもうやめよう

私はセミナーの講師をやっているので、講義が終了すると名刺交換を求められることがあります。会社も職種も、もちろん名前もそれぞれ異なる人たちです。それも、一人や二人ならいいのですが、ときには50名くらいの列になってしまうこともあります。

すると、どうしても流れ作業のような名刺交換にならざるを得ません。申し訳ない話ですが、誰と会ったのか、まったく憶えられないのです。後でいただいた名刺の束を見ても、ほとんど顔すら思い浮かべることができません。

まあ、これも当たり前のことです。私も憶えようと努力しているわけでもなく、名刺を渡す側も、とくに印象に残す工夫をしていないのですから。

たかが一瞬の名刺交換ですが、まわりの人たちがみんな従来どおりのありきたりのことしか言わないとしたら、それは逆にチャンスだと思いませんか?

あなただけ、他の人とは違うひと言を添えれば、相手の印象に残る可能性はグンと高くなるはずです。

「△△商事の
□□です」
「はじめまして」

「はじめまして」

「○○会社の
××です」

誰だっけ?

名刺を見ても、顔が思い出せない……

自己紹介の場を、単なる儀式だと思っていませんか？

自己紹介はビジネスチャンス

名刺交換も、ある意味では儀式のようなものですが、他にも儀式化してしまっているケースがあります。それは、セミナーや交流会などで行なわれる自己紹介です。お互いに知らない者同士で集まったときによく行なわれます。

最近では、ツイッターやフェイスブックなどのＳＮＳ（ソーシャル・ネットワーキング・サービス）で知り合った人同士がオフ会で集まるなど、初対面での自己紹介をする機会も増えてきています。

序章でもお話ししましたが、この自己紹介も「社名と名前を言う場」だと思い込んでいる人が少なくありません。ほとんどの人が、そうだと言ってもいいでしょう。

先日テレビを観ていて、新人のアイドルグループのメンバーがそれぞれ自己紹介をしているシーンがありました。みんな、自分の名前と年齢を言うだけで、次の人に回していました。そのとき、彼らの胸には名前と年齢が書かれたネームプレートが貼られていたにもかかわらず、です。

せっかく、テレビで自己アピールができるチャンスだったのに、本当にもったいないなあと思って見ていました。

ビジネスの場でも、同じことが言えます。**知らない人の前で自己紹介をするというのは、自分のビジネスを拡げる大きなチャンス**です。たとえ数秒間であっても、自分に与えられた時間は、自由に使っていいのです。

みんなが苦手なことだからこそ狙い目

私は自分のセミナーで、「自己紹介が得意な人いますか？」と聞いてみることがあります。するど、決まって誰も手を上げません。

「そうですよね。苦手ですよね」と言うと、みなさん大きくうなずきます。

私のセミナーに参加する人はどちらかというと内気な人が多いので、とくにその傾向が強いようです。

いずれにしても、セミナーなどでの自己紹介は苦手な人が多いと言えるでしょう。

そして、ここがポイントです。

人は自分が苦手なことに対して、あまり関心を持ちません。

苦手を克服しないとマイナスになることに関しては、何とかがんばるようですが、それほど影響がない場合は、ほとんど気にも留めないのが普通です。たいていは、苦手なことが来ないようにしたり、避けて通ったりします。

ですから、セミナーの場での自己紹介などは、それがうまくできなくても大きな損害はない（実際は損をしている）ため、それに対して無関心な人が多いのです。

もうおわかりですね。そうです、**これはチャンス**なのです。

誰も関心がない、そして改善しようとも思わないからこそ、あなたが簡単に他の人よりも一歩抜きん出ることができるのです。みんなが、適当に流して自己紹介をしているとき、あなた一人だけがしっかりと意識したことを言ったらどうでしょう？　それだけで、チャンスになると思いませんか？

「自己紹介は苦手だ」と言って、今まで避けて通ってきた自分自身を、もう一度見直してみることをオススメします。

名前を憶えてもらうことが本当の目的？

あいさつはシチュエーションによって使い分けよう

会社内で別の部署に異動したり、転職したときなどは、新しい仲間にあいさつをしますが、そのとき自分の名前を憶えてもらうというのは大事なことです。

そのために、たとえば名前をわざとゆっくりしゃべって誇張するとか、漢字でどう書くかなどを丁寧に伝えたり、何度も名前を言って憶えてもらうようにするなど、〝名前を憶えてもらうため〟の工夫をします。

ところが、同じ自己紹介の場でも、社内と社外ではその目的が異なります。

同じように多数の人に向けたものでも、社外で行なう自己紹介のあいさつはある意味、通りすがりの人に対して行なうようなものです。もう二度と会わないかもしれない相手に対して、自分の名前をことさら強調しても意味がないと思いますが、いかがでしょうか？

そう考えると、**同じ自己紹介でも、場面によって内容を変えるべき**だということがわかってきます。

社外の人には、名前よりも大切なことを伝える

社外の人というのは、大ざっぱに言うとあなたのお客さまになるかもしれない人です。その人に対して、何を伝えるのが最も効率的か？　5秒あいさつはそこから発想していきます。

何も伝えなければ目の前を素通りしていたはずの人に、こちらを振り向いてもらうようにするにはどうすればいいのか。

考え方としては、店の看板と同じです。ラーメン屋の看板を出せば、ラーメンを食べたい人の目に留まります。さらに、とんこつ味のラーメンの看板にすれば、より絞られたお客さまにアピールすることができます。**つまり、何屋なのか、それを言葉で伝えるのです。**いわば言葉の看板です。

具体的な内容については後の章でお話ししますが、ここでは少なくとも、**自分の名前や社名を看板にしても、人は振り向いてくれない**ということだけをご理解いただければ、と思います。

あなたの印象、ホントにそれでいいんですか？

衝撃的！……でも、その後が続かない

私が、ある営業系のセミナーに出席したときのことです。また、例のごとく自己紹介タイムがやってきました。その中で、衝撃的に印象に残った人がいました。

その人は自己紹介のとき、

「はじめまして、私、元警視庁に勤めていた○○と申します」

と言いました。

元警視庁の人が営業をやっているということで、会場がザワッとしたのを今でも憶えています。一瞬にして、参加者全員の記憶に残ったことでしょう。

話はこれだけではありません。そのセミナー終了後、私はその人と名刺交換をしました。

そのときも彼は、

「元警視庁の○○です。よろしくお願いします」

と言って、差し出した名刺には「元警視庁」という肩書きがしっかりと印刷されていた

のです。「元警視庁」は、彼のトレードマークになっていたのです。

さて、この話を聞いて、はたしてあなたはどう思ったでしょうか？

こんなに印象に残る自己紹介はすばらしい、と思いましたか？

実は、このときの私の感想は、「おしいなあ」というものでした。

たしかに、相手の印象に残るのはよいことです。私が、今でもこうして憶えているほどですから。ただし、まったく印象に残らないより少しはまし、という程度ですが……。

彼は、印象に残ることを目的にするあまり、その後のことを考えていなかったのです。

当人としては考えていたのかもしれませんが、それが相手に伝わる形になっていませんでした。

つまり、**相手に憶えてもらった後、それからどうしてほしいのかが足りなかったのです。**

これを書いている私も、彼について「元警視庁」という記憶しかありません。彼がどんな仕事をしているのか、何を売る営業なのか、まったく憶えていないのです。

せっかく相手に憶えてもらっても、それが自分のビジネスにつながっていないのです。

ですから、私は「おしい」と思ったのです。

自分のビジネスにつながる印象を与えよう

自己紹介の場ではいろいろな人がいます。ものすごく上手にしゃべる人や、面白おかしくみんなを笑わせる人もいます。それはそれで、本人が満足しているのなら、私は何も文句は言いません。

口ベタの私がこう言うと、ひがみに聞こえるかもしれません。しかし、しゃべりがうまいからといって、その人から何かを買いたいと思うでしょうか？　また、面白い話ができる人だから、仕事の話も聞こうとするでしょうか？

そう自問したとき、私の答えは「ノー」でした。

少なくとも、自己紹介の目的を「集客」とした場合、**自分のビジネスに直結しない印象をいくら残したとしても仕方がない**のです。

もちろん、人を笑わせることで満足感を得たい、というのならそれでもいいでしょう。性格的に、みんなを楽しませるサービス精神が旺盛な人もいるかもしれません。

それによって、〝親しみやすい〟というキャラクターを伝えることはできているので、まったくの無駄とは言い切れないでしょう。

しかし、それだけのことができる人だからこそ、もう一歩踏み込むことで、もっと確実にビジネスにつながる伝え方ができるようになるはずです。

自己紹介の場というのは、不特定多数の人に自分の商売をアピールできる絶好のチャンスです。

せっかくですから、自分にも相手にも、有益な印象の残し方をするべきでしょう。

あなたの懸命な売込みなど、誰も聞きたくない!

営業するのは場違い!?

相手に有益な情報を伝えればいい、ということは、つまり営業をしろってこと? もしかしたら、そう思われた方がいるかもしれません。実際、たまに見かけます。一所懸命売り込もうとしている人を。

とにかく、会う人すべてと名刺交換をして、「よろしくお願いします」と言ってまわっているようなタイプです。そんな人の自己紹介は、決まってこんな感じです。

「○○生命保険の△△と申します。保険のご要望がありましたら、ぜひ私に声をかけてください。誠心誠意がんばらせていただきますので、よろしくお願いします」

さて、これを聞いたあなたは、この人に保険をお願いしようと思うでしょうか? 思いませんよね。

これはひとつの例ですが、保険商品のようにすべての人がターゲットとなり得るものだと、どうしてもこのように言いたくなってしまいます。

そして、いくら売り込んでも結果は見えています。ほぼ１００％売れません。言っている当人も、実は売れないことはわかっているのですが、それでもこう言ってしまうのは、営業マンの習性なのでしょう。

よく、お客さまから断られて帰るときのセリフとして、「何かありましたら、よろしくお願いします」というのがありますが、これも単なる営業特有のあいさつと化しています。営業マンの習性というのも、ある意味では儀式だったりするのです。

そんな言葉は、実際には不要です。とくに、**自分がしゃべる時間が限られている場では、どんなに小さな言葉だとしても、無駄な言葉は極力省くべき**なのです。

気合を入れるほど、まわりは遠ざかる

営業マンは、明るく元気にふるまったほうがいい!? こんなことは、これからの時代では通用しません。

考えてもみてください。先ほどの自己紹介をした気合十分の保険営業マンに、あなたは

近寄りたいと思うでしょうか? 私はそうは思いません。だって、近寄ったら保険を売りつけられるに決まっているからです。

万一、その人と話をすることになったとしても、できるだけ保険の話はしないようにします。もし、少しでも話題を振ってしまったら、怒濤の営業攻撃をかけられることでしょう。それは面倒なので、できる限り避けたいところです。

私をはじめ、一般に人は営業されるのが嫌いです。ほしくもないものの説明を聞かされたあげく、何とか言い訳をしながら断らなければならないからです。

やはり、人からのお願いを断るというのは、少なからずストレスになります。そうなるのがわかっているので、営業の売り込みは、最初から聞かないようにするのが、無意識の対処法になっています。

これでは、気合十分の営業マンを避けたくなるのも当然でしょう。

ですから、初対面の人へのあいさつで、いきなり商品の売込みをしても、マイナスの効果しかありません。ここは、ぜひ気をつけたいところです。

パーティーで集めた名刺など何の役にも立たない！

あいさつもそこそこに名刺集め

人が大勢集まる場所に行くと、たいていこんな人がいます。私が、友人たちと話をしているところに突然割って入ってきて、名刺交換をしてまわる人です。あいさつもそこそこに、とにかく名刺だけを集めてまわっているようなのですが、彼は、その名刺をいったいどうするのでしょうか？

まるで、名刺を集めることが集客（営業活動）だ、と勘違いしているかのようです。単に名刺交換しただけの間柄では、知り合いでも何でもないし、次に会ったとしてもお互いに憶えていないでしょう。だとしたら、名刺交換など無意味な行動です。

よく、ビジネス展示会などでも、ボールペンなどの景品を用意して、それを提供する代わりに名刺を集める手法がとられていますが、私はこれにも疑問を感じます。展示している商品やサービスに関心があるのではなく、単にその景品がほしいだけの人の名刺がたくさん集まってしまうに決まっているからです。

そうして集めた名刺を、「見込み客リスト」と称して満足しているようではいけません。そんなものは、見込み客でも何でもありません。それを勘違いして、メールやＤＭを送って商品案内をしているケースもよく見かけます。

はっきり言って、それは単に「私はしっかりと営業活動をしていますよ」という社内へのアピールか自己満足でしかありません。もらった名刺のメールアドレスにメールマガジンを勝手に送りつけて、解約されないから読まれているんだろうと思ったら大間違いです。自分の知らないところから送られてくる見当違いのメールやＤＭなどは、ほとんど読まれることなくゴミ箱行きというのが現実です。

実際に、そうしたＤＭを送ったことがある人もいるでしょう。そこから、何か注文が入りましたか?　入るわけがありません。もし入ったとしたら、それはただのマグレです。間違っても、計算された営業活動の成果などではありません。

少し厳しい言い方をしましたが、不特定多数の人に対して同じ情報をいっせいに流すという手法は、今では通用しなくなっています。それをやる時間やお金があるのなら、もっと別の手段で集客したほうが、より現実的なのです。

「いつか役に立つ」そんな日はずっと来ない

そんな私も、以前は同じことをしていました。苦手なパーティーにも出席して、とにかく名刺ばかりを集めていたことがあります。もらった名刺を一所懸命に仕分けして、大事に保管していました。

でも、それでおしまいです。その名刺の中から、お客さまになってもらった人はゼロでした。いつか役に立つかもしれない……そんな気持ちで、ずっと名刺フォルダに入れておいたところで、その「いつか」はやって来ることはありませんでした。あなたは、いかがでしょうか?

そろそろ、集客に対する考え方を変える時期なのかもしれません。ひたすら「数」を集めることが、集客ではないのです。

「集客」とは、**「将来お客さまになる可能性のある人のみを集めること」**と定義すると、もう誰でもいいから名刺を集めるというような行動にはならないはずです。

せっかくの集客チャンスを最大限に活かすには？

チャンスは、いろいろなところに転がっている

本題に入る前に、ここまで長々とお話ししてきたのは、まず気づいていただきたかったからです。あなたがこれまで、せっかくの集客のチャンスを逃してきていたことに。

この章の冒頭でお話ししたとおり、私もそのことにずっと気がつかずにいました。それまでのビジネスシーンの中で、チャンスは山ほどあったはずなのに、それらをずっと見過ごしてきたのです。

ですから、あなたのこれからのビジネスを考えると、集客のチャンスがあちこちに転がっていると気づくのは、早ければ早いほど有利です。

名刺交換や自己紹介、ふと出会ったときのあいさつの場面など、ふだんから意識せずに行動してきたことが、すべて集客のチャンスに変わってきます。

今までは、本当は相思相愛のビジネスができたかもしれない相手とも、どこかで出会っ

て、そしてお互いに知らずに別れていたかもしれません。

しかしこれからは、どんなに小さな自己アピールのチャンスでも、それを最大限に活かすことができるでしょう。

かつての私のように、エレベーターでばったり知人に会ったときも、きちんと効果的なアピールができるようになります。

たまたま飲み屋で隣同士になった人とでも、同窓会で久しぶりの旧友にあいさつをするときも、飛行機でたまたま隣に座った人から声をかけられたときでも同じです。**ごく自然に、集客のチャンスを逃さない日常を送ることが、これからのビジネスを加速させることになる**のです。

ここまで、いかがだったでしょうか。あなたの、日頃のあいさつに対する意識が少しずつ変わってきたのであれば幸いです。

「このままではいけない！」そんな気持ちになっていただくことが、この章の目的です。

しかし、ダメな話ばかりをしていても気分が暗くなってしまうので、次の章では明るい話をしましょう。5秒あいさつが、いったいどれくらいの効果があるものなのかを、具体的に見ていきます。

私自身が体験したことはもちろんですが、他のいろいろな業種の人にも登場してもらい、生の率直な声をいただきました。

あなたの5秒あいさつを実際に作るにあたって、まずはいくつかの事例を見ていただくことで、イメージを膨らませていってください。

2章

たった5秒のあいさつがビジネスを大きく左右する！

5秒あいさつで、初めて売れた瞬間！

狙ったターゲットがやって来る！

ここで、序章でご紹介した、私自身が最初に行なった5秒あいさつについてお話ししましょう。

とある営業系のセミナーで、自己紹介をする機会がありました。それまでは苦手で仕方がなかったのですが、そのときは「事前準備」をしておいたので、むしろいい実験のチャンスだと思いました。

「内向型で売れずに悩んでいる営業マンのトレーニングをやっています。ちなみに、こんな本も書いています」

と言って、自著である『内向型営業マンの売り方にはコツがある』（大和出版）を見せながら着席しました。本当に、たったのそれだけです。

すると、そのセミナーの休憩時間を待っていたかのように、ある人が私のところへやって来ました。見るからに物静かな感じで、私に小さく声をかけてきたのです。

「あの〜、すみません。私も気が弱くて悩んでいるんです……」

まさに、狙いどおりの効果が出た瞬間でした。従来の自己紹介では、こうして声をかけてもらうことなどまったくなかったのに、少し言葉を変えただけで反応があったのです。

そして、その人に本を薦めたところ、数日後に熱い感想メールが届きました。少なくとも、本が一冊売れたのです。しかも、**本当に狙っていた人にドンピシャという感じで伝わりました。**

「これだ!」と私は大きな手ごたえを感じました。たかが本一冊と言ってしまえばそうですが、私の〝たった5秒〟の小さな行動が、明らかに売りにつながった瞬間でした。

「そりゃあ、本を見せればインパクトがあるよ」と思った方がいるかもしれません。もちろん、著者だったからこその効果だったとも言えるでしょう。

ただ以前にも、私が本を書いていることを伝えたことはありましたが、そのときはまったくダメでした。やはり、ターゲットを明確にしたからこその効果だったと思います。

５００倍を勝ち取った名刺交換

そのひと言を添えるかどうかで決まる！

これは、まだ私が本を出す前の話です。ある著名な方の講演会がありました。私は、その人にとても関心があったので聴きに行きました。会場は、５００名もの受講者が来ていて、熱気に溢れていました。

講演自体はすばらしいもので、私はいたく感動しました。そして聴きながら、その人が今後力を入れていきたい方向性について、私が何らかのお役に立てるのではないか、と思ったのです。

終了後、その人の前には名刺交換を求める人たちの長蛇の列ができていました。もちろん、私もその列に並んだ一人です。ところが、あまりにも多くの人の列ができていたため、じっくりと話をする時間などとれそうにありません。

ほとんどの人が、自社名と氏名だけを名乗って名刺交換をしていたようですが、私は、あるひと言を添えて名刺を渡しました。

「○○についてのビジネスを行なっているものです。今度、ご提案書を送らせていただいてもよろしいでしょうか？」

その○○というのは、その人が講演で強調していたことです。当然ながら、彼にとっては関心の高い言葉のはずです。

「そうですか、ぜひお願いしますよ」と、彼はニッコリ笑いました。

この時点で、私は他の受講者よりも一歩抜きん出た存在になったことは言うまでもありません。

その後、メールで企画を送ったところ、一度会いたいという返事をいただき、後はトントン拍子で仕事に結びつけることができたのです。

後日、「あの講演に参加した人の中で、こうしてお付き合いをはじめたのはあなただけですよ」と言われました。

数%でも可能性がある方法を選ぶ

この話、少しできすぎだと思われるかもしれません。もちろん、多少の偶然も重なっています。たまたま、講演者と私の関心事がピッタリ合っていたとも言えます。

しかし、たとえそうだとしても、私が名刺交換のときにありふれたセリフしか言わなかったとしたら、このような結果にはならなかったと思います。会った数秒間のうちに、しっかりと印象に残したうえで企画書を送ったからこそ、相手も関心を持って検討してくれた、と言えます。

ただし、同じようなケースは何度かありますが、うまくいかなかったことも数多くあります。当然ながら、百発百中というわけにはいきません。

それでも、まったく可能性がないことを繰り返すよりは、数%の可能性でもあるほうにトライしたほうが、結果につながると確信していました。そうした中で、先ほどの話につながったのです。

単なる偶然を待ち続けるより、少しでも期待ができる偶然を自ら作るべきでしょう。そしてその期待値は、工夫しだいでどんどん上げていくことができるのです。

さて、この後は、実際に5秒あいさつを使った活用事例をご紹介していきます。

5秒あいさつを使った活用事例

ここで、私のセミナーの受講者や個別コンサル、もしくはアドバイスなどを受けていただいた方々に登場していただき、5秒あいさつを導入する前後についてうかがいました。

事例①　コーチングのような説明しづらい商品こそ有効ですね

5秒あいさつ

「キャリア志向の女性をメインに、天職専門のコーチングをやっています」

つきのわ堂　代表　中野裕子さん　http://www.tsukinowa-do.jp

――従来の集客、営業スタイルはどうしていましたか？

ほぼ口コミだけでした。

――5秒あいさつ集客法を知ったときの感想は？

もともとは、「内向型営業」という言葉にひかれてセミナーを受講したのがきっかけでした。本当に5秒で、集客まで可能なあいさつなどできるのだろうか？　もしできるのだったら、もう自己紹介で迷わなくてすむ、というのが最初の感想でした。

――応用してみて感じたことは？

たしかに、5秒で実践できます！　ただし、「名前と会社名のみのあいさつ」から「集客できるあいさつ」へと作り込むためには、ある程度の検討と実験が必要です。

実際に、明快な「5秒あいさつ」ができると、お客さまが自分にとって必要かどうかの判断が瞬時にできるようになります。

「興味があるから、もっとよく聞きたい」「自分は今のところ関心がないけれど、どんな人に提供しているのかを知りたい」などといった、核心部分がすぐに伝わるところがいいですね。

また、この5秒あいさつは、お互いのニーズを探り合うことにエネルギーを費やす必要がなくなって、発信側も受信側も、コミュニケーションがずっと円滑になると思います。

――実際の効果は？

自己紹介だけで、何をしている人かがわかってもらえるようになりました。「コーチング」のような無形商品を理解してもらうには、かなり言葉を尽くす必要があると思っていたのですが、5秒あいさつだけで、ある程度のイメージが相手に伝わっていることを実感しています。おかげさまで、紹介も増えました。

また、誰に伝えるべきかがはっきりとわかるようになったため、「伝えようか、やめようか」と、無意味に迷わなくなりました。従来は、この無意味な迷いが、初対面のドキドキ感を倍増させていたように思います。

私は、雑談があまり得意ではないのですが、自己紹介が短くはっきりできると、その後の雑談もしやすくなりました。

またツールとして、5秒あいさつをまとめた名刺を作成すると、随所に、集客と雑談の要素をちりばめることができます。その結果、相手から話題を振ってくれるようになりました。従来に比べて、確実に出会いが増えました。

中野さんは英語も堪能で、当初の名刺には「翻訳」などの英語に関する業務も記載していました。私の第一印象は、クオリティの高い仕事をしているようだけど、はたして何が得意な人なのかな？　というものでした。また、ご自分でもすごく説明しづらそうでした。

5秒あいさつを使うようになってからは、自分と合うお客さまが集まってくるようになり、紹介も増えてきたとのことです。

事例②　想定していなかったのですが、他の士業の方からの紹介が増えました

5秒あいさつ
「農業経営者専門の人事・労務サービスを千葉でやっています」
ガイアＦＰ社会保険労務士事務所　大野広康さん　http://www.srfpgaia.com/

――従来の集客、営業スタイルはどうしていましたか？

私も渡瀬さんと同様、人見知りで初対面の方と話を弾ませることができない、というのが大きな悩みでした。

しかし、独立したらそんなことを言っているわけにはいかず、苦手意識を押し殺しながら、できるだけ人の集まる場所に出かけて名刺交換をし、その後に情報提供などを行なってつながりを保ちながら紹介を待つ、という営業スタイルでした。

初対面の人と話すことと同様に苦手なのが、この「つながりを保つ」ための訪問活動でした。必ずしも歓迎されていないと感じながらも、我慢して訪問の口実を作って出かけていくのは苦痛で、「やらないですむならやりたくない」というのが本音でした。

――5秒あいさつ集客法を知ったときの感想は？

自己紹介が苦手で、自分でも何を話しているのかよくわからないことが少なくありませんでした。自己アピールの際には、「つかみが大切」ということは認識していながらも、笑いがとれるようなものでもなく、何か気のきいた話ができるわけでもなく、噛み噛みの普通の自己紹介を嫌々やっては、逃げるようにその場を去る、ということを繰り返していました。

渡瀬さんのＨＰの告知で「5秒自己紹介」なるものがあると知り、「興味を持った相手が自分から近づいてきてくれる」という点にひかれてセミナーを受講させていただいたのですが、「これなら、自分にでもできるかもしれない」という気持ちになりました。

その場にいる全員に自分を知らせることを目的とせず、自分がターゲットにしている人だけに刺さる言葉をキーワードにして自己紹介するというやり方は、まさに眼からウロコでした。

――実際に応用してみての感想は？

一番大きかったのは、気が楽になったことです（笑）。

大勢の人の前で自己紹介をしなければならない状況になったとき、自分の順番がまわってくるまで、「何を話そうか……」と、ドキドキしながら頭の中で話をまとめる必要がなくなりました。

集まりの目的や参加者層などから判断して、「自分の売り」の中から、その場にふさわしい言葉をキーワードとして選ぶことだけ考えればいいので、自己紹介への苦手意識はまったくなくなりました。

私は、一般的な社会保険労務士業務と併せて、農業法人や大規模農業経営者向けの人事・労務サービスを売りにしているので、自己紹介する場に一般の企業経営者が多そうなときは、「従業員満足度アップで業績向上」をキーワードにし、農業関係者や他士業の方が多いときは、「農業経営者向け人事・労務サービス」をキーワードにしています。

――実際の効果は？

これは、あまり事前に想定していなかったことですが、他士業（税理士・会計士・司法書士・行政書士等）のみなさまが、「農業向け」という言葉に非常に興味を持っていただけることが多かったのは意外でした。

お話ししてみると、士業の市場として「農業」に興味をお持ちの先生方は多いのですが、肝心のお客さま（＝農業法人や大規模農業経営者）と、どこで接点が持てるのかがわからない、とおっしゃる方がたいへん多いということがわかりました。

このキーワードから、何人かの税理士や司法書士・行政書士とのお付き合いがはじまり、情報交換をしたり、お客さまをお互いに紹介できるようになったことは、非常に大きなメリットでした。

もちろん、ふだん人と会うときにも、自信を持って自分自身のことが伝えられるようになったことは言うまでもありません。

社会保険労務士という資格を取得しても、その肩書きだけでは簡単に仕事は入ってきません。開業してみてそれに気づいた大野さんは、苦手な営業をせざるを得ませんでした。とくに、自己紹介が苦手だったということが、私のセミナーに参加したのがきっかけです。農業に強いという武器を持っていたので、それを前面に出すように、とアドバイスしました。その成果が売上げにも出ているし、何よりも自信を持って自己アピールができるようになったのがよかったようです。

事例③　真っ先に、私のことを思い出してもらえるようになりました

5秒あいさつ

「43歳以上の社長さんのプロフィール作成を専門に行なう号泣ライターの秋田です」

プロフィール・ライター　秋田俊弥さん　http://ameblo.jp/nukumoriletter/

――従来の集客、営業スタイルはどうしていましたか？

うまく説明できないなぁ……と思いながら、「え〜、プロフィール・ライターの秋田俊弥です。え〜、経営者の方にインタビューをして〝何のために仕事をしているのか？〟を物語にして書く仕事をしています」と言って営業していました。

――5秒あいさつ集客法を知ったときの感想は？

「号泣ライターです」が自分の〝売り〟だとわかって、説明しなくてもいい！　と思いました。

――実際に応用してみての感想は？

相手の人が興味を持ってくれればいい。そして、興味を持った人だけが「号泣ライターって何ですか？」と聞いてくれるので、気が楽になりました。

――実際の効果は？

私の場合は、あいさつの他にブログにも応用しているのですが、まず、ブログの読者登録の数が増えました（ほぼ毎日増加）。それに伴って、読者登録時のコメントが変わりました。

その一部をご紹介すると、

・ブログを読ませていただきましたが、お仕事への思いや情熱が伝わってきました。それに「号泣ライター」というネーミングは迫力があります！

・「号泣ライター（43歳以上の社長さんに贈る）」とは、面白いコンセプトタイトルですね。

多くの経営者の方のお話を聞かれると、ためになるお話をいただけますよね。

・号泣ライターというタイトルがいいですね！ さらに、43歳以上というところも微妙な区切りで面白いですね。プロフィール作成は、個人で仕事をしている僕にとっては肝みたいなところなので、読者登録をさせていただき勉強させていただければ幸いです。

……など、以前に比べて格段に熱いコメントが増えました。

また、一度しか会ったことがない方が「ホームページを見直そう……プロフィールどうしようかな……」と思ったときに、真っ先に私のことを思い出してくれたそうです。それで、仕事の依頼が来るようになりました。

後は、初対面でのあいさつのとき、

私「号泣ライターの秋田俊弥です」

相手「えっ（笑）、号泣ライターって、いったい何ですか？」

私「インタビューのときに私が号泣して、その後で私が書いたプロフィールを、ご本人が読んで号泣するんです」

というように、多少の笑いを交えながら、楽に相手の興味に訴えることができるようになりました。

➡「号泣ライター」をグーグルで検索すると、トップページすべてに秋田さん関連のリンクが出てきます。これって、すごいことですよね。このネーミングは、私も一緒になって考えました。印象に残るインパクトと仕事に直結するキーフード。そして、その意味を説明するときに笑いが起こるというおまけまでついています。秀逸な5秒あいさつです。

事例④　あがり症でも、緊張せずに自己紹介ができるようになりました

5秒あいさつ

「30代の方向けに、最適のライフプランを提供して夢を叶えるお手伝いをしています」

アクサ生命　吉田正彦さん

――従来の集客、営業スタイルはどうしていましたか？

まずは、自分の名前を覚えてもらうことだと思っていたので、とにかく名前を強調していました。また商品が保険なので、会う人すべてがターゲットになっていました。私自身は、渡瀬さんと同じように内気な性格なのですが、それでもがんばってアピールしようと苦労していました。

――5秒あいさつ集客法を知ったときの感想は?

5秒は、いくら何でも短すぎるだろうと思いました。それでは、名前と社名を言うだけで終わってしまうだろうと。

ところが話を聞き終わると、なるほど、それなら5秒でもできると感じました。そして、それまでの考え方が180度変わりました。

――実際に応用してみての感想は?

まず意識することが、自分の名前を覚えてもらうことから、仕事内容をいかに相手に一瞬で伝えるか、に意識が変わりました。自分が提供できるものは具体的に何なのか、を常に考えています。

そして、全員に伝えようとするのではなく、特定のマーケットに特化していいという考えになったので楽になりました。

ひとつだけでなく、複数のバリエーションを準備していれば、状況に合わせた自己紹介ができると思っています。

――実際の効果は?

今までは、人前で話をするといつも緊張していたのですが、自分の中で伝えることに柱がひとつできたため、以前よりも緊張することなく、自信を持って話せるようになりました。

また、保険の営業マンということで、どうしても敬遠されがちだったのですが、目の前の人に売り込もうとするのではなく、紹介されることを意識するようになってから、人付き合いが楽になりました。

おかげさまで、仕事も順調です。直接の効果かどうかはわかりませんが、以前と比べて明らかに成績が上がりました。

➡吉田さんも、私同様に内向的な人です。どうしても、ガツガツと売る営業スタイルがなじめなくて悩んでいました。内気な人に共通して言えることは、自己アピールが苦手なところです。5秒あいさつを心がけるようになってからは、以前に比べて表情も明るく堂々とあいさつができるようになったようです。
ただ、本当に売りにつながる5秒あいさつは、まだ試行錯誤中というところでしょうか。

事例⑤　もう、過去のあいさつには絶対に戻れません（笑）

5秒あいさつ
「夏の暑さから社員を救いたい社長さんのために、工場の屋根の温度を下げる塗装をしています」

トーメックス株式会社　滝沢康生さん　http://www.tomex.co.jp/

――従来の集客、営業スタイルはどうしていましたか？

よくある、自分の会社名、所属、名前からはじまって、業務内容などを延々と説明していくものでした。最後の締めは、必ず「何でもできます！」と言っていました。初対面の人に、「何でもできます」が禁句だと知るのは、かなり後になってからのことでした。

――5秒あいさつ集客法を知ったときの感想は？

社名も肩書きも必要ない、というのが衝撃的でした。その後しだいに、「そうだよな、言われてみればそうだよな」と思うことしきりでした。

既存のお客さまでも、会社名や肩書きに仕事を出しているわけではないので、新規のお客さまならなおさらですよね。

――実際に応用してみての感想は？

非常に精神的に楽だし、何て言うのか、5秒あいさつにはパズルを組み立てるような楽しさがあるんです。何しろ、使える時間は5秒しかありませんから、無駄な言葉なんて必要ありません。

選びに選んで、とことんそぎ落とされて残った言葉のパワーは、作った人にしかわからないと思います。

――実際の効果は？

一番気持ちがよかったのは、先日の公共団体の主催で、とある勉強会があったときのことです。予想外の盛況で、「自己紹介の時間は一人20秒でお願いします」と、講師の方から注意がありました。

しかし、いざはじまってみると、以前の私の自己紹介と同じパターンで、みなさん延々と自己紹介をしていきます。20秒どころか、2分で終わればいいほうで、みなさん5分近くもしゃべっています。講師の方がアタフタしても、みなさんどこ吹く風という感じでした。お金を払って来ているんだから、自社を宣伝して何が悪い？　という雰囲気でした。

そこで私の番がまわってきて、5秒きっかりで終わらせ、ゆうゆうと社名と名前を言って席に着くと、みなさんキョトンとされていました。しかし、ただ講師の方から拍手をしていただきました。

そのときは仕事には直接つながりませんでしたが、とても気持ちがよかったです。

今後は、相手によって言葉を変えながらチャレンジを続けたいと思っています。

➊当初、「何をやっている会社ですか」と聞くと、とにかく事業内容をひとつずつ説明してくれたのですが、正直まったくわかりませんでした。「いろいろとやってらっしゃるのですね」というのが感想でした。

しかし、それでは集客どころか印象にも残りません。そこで5秒あいさつでは、思い切り内容を絞ってみました。これで、もっとターゲットを意識したものにすれば、きっと効果も表われてくることでしょう。

以上。ご協力いただいたみなさま、ありがとうございました。

5秒あいさつの効果のほどはさまざまで、自然に集客につながっているケースもあれば、まだ集客としては機能していない人もいます。それは、まだ進化の過程なのでしょう。

ただひとつ共通して言えることは、みなさん楽しそうに5秒あいさつをしている姿が目に浮かんでくることです。あいさつの後の相手の反応を、楽しむような感じです。

そうなのです。5秒あいさつがビシッと決まると、とても気持ちがいいのです。もちろん、それだけではありませんが、「集客」するプロセスに楽しさを感じるというのは面白い現象ではないでしょうか。

いかがでしょうか？　だんだんイメージができてきましたか？

眉間にシワを寄せながら考えるのではなく、自分自身がワクワクしながら人に話している姿を想像しながら、考えるといいかもしれませんね。

集客が楽になるとビジネスが加速する

時間とコストを、他に振り分けられる

ビジネスを進めるうえで、最も大切な要素のひとつがセールスです。売上げがなければ、会社は経営を続けていくことができません。この大不況の中で、多くの企業の営業部門が苦戦しています。

そうなると必然的に、人員を増やすなど営業部門にかかるコストが増えてきます。営業マンも目先の売上げばかりを要求されるようになり、長期的戦略や顧客フォローにまで手がまわらないのが実情です。その結果、対応が後手後手になってしまうことも少なくありません。

ところが、集客が楽にできるようになると、それまでかけてきたコストや時間を、他に振り分けることができるようになります。

営業なら、商談やその後のフォローに時間を使えるため、顧客満足度が上がってきます。

また、精神的にもゆとりが生まれます。

幹部なら、部下の育成にじっくりと時間がかけられるようになるため、長期的視野に基づいたチーム戦略が立てられます。毎月末の数字のプレッシャーも減るでしょう。

さらに、営業も実務もすべて一人でやらなければならない、私のような個人事業主にとっては、営業に時間をとられなくなることで、本業に集中できるというメリットもあります。

実際に、**5秒あいさつをマスターすると、営業をしなくてもすむようにすらなります。**

今まで、四六時中悩まされてきた営業から解放されるということは、とても快適なものです。

仕事の質が上がり、顧客からの信頼度もアップ！

今まで営業や集客に使っていた時間が余るようになると、しだいに仕事の質が上がってきます。時間もそうですが、気持ちの点で余裕ができるため、作業に専念できるようになるからです。そうなると、自然にイージーミスやクレームも減っていき、お客さまからの信頼度も上がります。

その結果、仕事もリピートされやすくなるし、評判もよくなって口コミによる紹介も増えることでしょう。

現在のように、類似商品が多数あり、また競合他社としのぎを削っているような環境では、商品力よりも顧客からの信頼度が、売れる決め手となるケースが増えています。

そんな状況の中で、5秒あいさつ集客法は、まさに理想的なビジネス展開を可能にしてくれるのです。

理想のビジネス展開

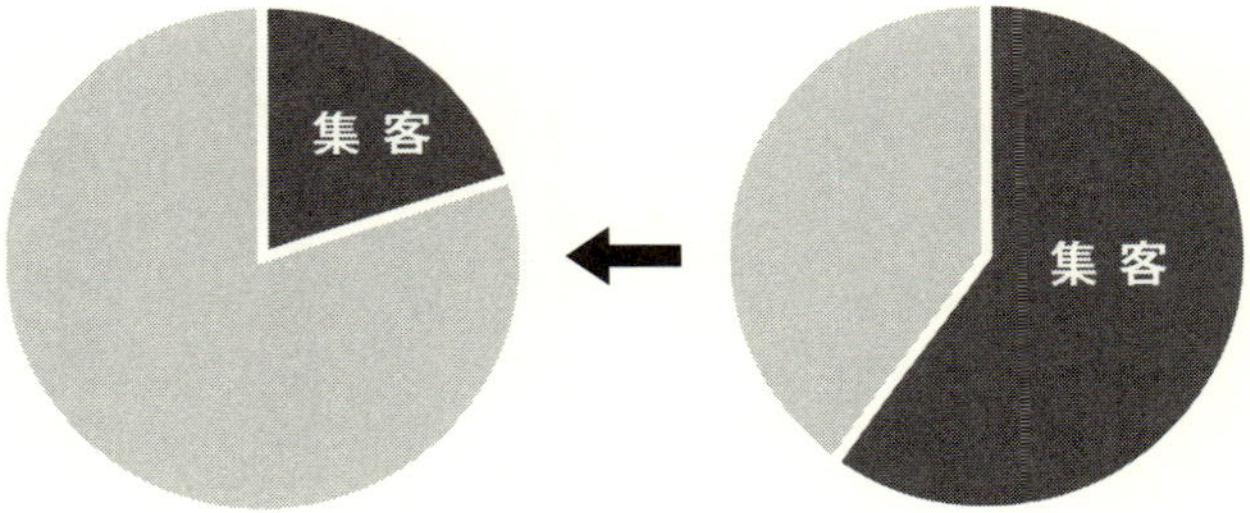

集客への時間とコストと労力が減ると……

↓

サービスの向上・顧客満足度UP

↓

リピート・紹介率UP

↓

売上UP

自分にとって、理想のお客さまだけを集客できる

自分のお客さまは自分で選ぼう

かつて、私がデザイン会社を経営していたときのことです。お客さまの中に、どうにもうるさい方がいました。

急ぎの仕事が多い、修正が多い、値段に厳しい。また、それでいて高いクオリティを要求してくる。何よりも、当たり前のように無理な仕事を押しつけてくるその担当者が嫌いでした。それでも、ときどき仕事をくれるので、心の中では文句を言いながらも、しぶしぶお付き合いを続けていたのです。

いつも急な発注なので、他の仕事に割り込んできます。その仕事は、徹夜や休日出勤になることも多く、その分、人件費などのコストもよけいにかかります。そう考えたとき、ビジネスとして割が合わないことに気がつきました。

そこで、思い切ってそのお客さまからの仕事を断ってみたのです。

するとどうなったか？　全体の売上げが上がりました。気の合うお客さまとの仕事だけに集中できるようになったおかげで、そうしたお客さまの需要が伸びたのです。また、社内的にもバタバタすることなく、じっくりと作業に専念できるようになり、気持ちまで楽になりました。さらに仕事の質も向上したため、お客さまからも喜ばれるようになったのです。

そうなのです。無理に、自分と合わない仕事をすることはまったくなかったのです。

あなたはいかがですか？　嫌なお客さまに振り回されてはいませんか？

もしかしたら、その仕事を断ることで、もっと自分に合った利益の上がる仕事ができるようになるかもしれません。

集客に困らない状態になれば、それが可能になります。**自分のお客さまは、自分で自由に選ぶことができるようになる**のです。

「一見《いちげん》さんお断り」が理想

私は行ったことはありませんが、祇園のお茶屋さんや高級料亭などでは「一見さんお断り」と言って、初めてのお客さまを入れてくれないシステムがあります。これは、新規よりも、既存のお客さまを大切にしたいという方針からです。

その結果、既存客にはその店の常連という優位性を持たせることで、満足感と固定化を促すことになります。誰か知り合いを連れて行くときも、「自分のなじみの店」と、自ら率先してお客さまを連れて来てくれます。紹介以外の新規客を断ることで、むしろ楽に集客できる仕組みを作っているのです。

一般の会社でも、これと同じようなことをするべきだと私は思っています。実際に、私のホームページには「こんな人は来ないでね」という主旨のことが書いてあります（次ページ図参照）。

別に、冷たくしているのではありません。来てほしくない人からの問い合わせに対してやりとりをするのは、お互いに時間と労力の無駄だと考えているからです。

結果的に、お客さまにならない相手だとわかっているなら、最初から接触する必要はありません。**いかに効率よく、「お客さまになりそうな人」だけを集めるか。集客のポイントをそこに置いているの**です。

そうした集客は、決して特殊な分野だけのものではありません。

時代の変化にともなって、いま必要とされているのは「信頼できる」営業マンです。
ガンガン攻めてくる営業マンより、一歩さがってじっくり話を聞いてくれるタイプのほうが、信頼感を与えてくれます。

いかにもな営業トークやムダなおしゃべりを連発するよりも、お客さまの興味をそそる事例やデータを黙って見せたほうが、はるかに効果があります。
これからは、無口な人のほうが営業向きというべきかもしれません。

これからの営業スタイルは、いかになめらかに商品説明ができるかというより、いかにお客さまに信頼されるかに、もっと焦点をあてるべきです。信頼されていれば、黙っていても売れるのです。

その意味でも、私は以下のような方のお力になれません。
・ただ単に売れるテクニックが知りたいという方
・人を押しのけてでも自分の商品だけを売りたいという方
・とにかく楽に効率よく売れる方法のみを教えてほしいという方

営業はひとりではできません。必ず相手が存在します。
その存在を無視する営業を広めたくないのです。

私はお客さまから信頼されるためにはどうすべきかということを、講演やセミナー、書籍などを通して提案していきます。

もっと正しいコミュニケーションを！

ここ数年の信じられないようなニュースを観るたびに思います。もっとうまくコミュニケーションがとれなかったのかと。

いじめによる小学生の自殺
自分の家に放火する子供
家族同士の殺傷事件
さらには学校や地域社会でのトラブルなど動機がわからないニュースも次々と起こり、そのたび

私のホームページのビジネスコンセプトページ

あなたの、今までのあいさつを少し変えるだけで可能になるのです。

次章からは、いよいよあなた自身の5秒あいさつを作っていきましょう。

ひと言で、あなたが一番求めているお客さまを集めるセリフを導き出すフレームワークを用意しているので、ぜひトライしてみてください。

3章

あなたにも簡単にできる！5秒あいさつの作り方

今までのあいさつとはここが違う

仕事につながることが最大の目的

さて、いよいよこの章から、実際にあなた自身の5秒あいさつを作っていくことにしましょう。

しかし、その前にもう一度確認しておきましょう。

まず、5秒あいさつというのは、ふだんしていたあいさつとは違って、仕事につなげることを第一の目的としています。極端な話、親しみや人柄をアピールするのではなく、お互いのビジネス上でのメリットのみが伝われば、それでOKというわけです。

そのためには何度も言いますが、

- 慣習化しているあいさつにこだわらないこと
- 単に、ウケたり目立つことを主目的としないこと
- 印象を残すべき部分にのみ特化すること

これらが重要です。とにかく、短く簡潔に考えてください。

たまに自己紹介の場で、長々と話をしている人を見かけますが、長く話せば説得力が上がると思ったら大間違いです。話の内容が整理されていて、相手の興味をかき立てながら、しっかりと相手を納得させせながら話し続けられる人は、ごく一部です。それは、誰にでもできることではありません。

もうひとつ言うと、人は他人の話をずっと聞き続けるには、かなりの気力が必要だということです。ほんのわずかでも興味が逸れてしまえば、相手は耳を閉ざしてしまいます。

ですから、自分が話したことをすべて相手が聞いてくれているかというと、そんなことはないのです。とくに、初対面の人には最初にビシッと、簡潔に情報を伝えることが重要になります。

もちろん、本来の自己紹介を求められる場面では、いつもの社名と名前を告げるものを使いましょう。**「集客」を目的としている場合に使うのが、5秒あいさつ**なのです。

では次項から、あなたの5秒あいさつを実際に作る作業に入っていきましょう。

あなたの最初のターゲットを決める

あなたのお客さまを明確にしよう

ここで質問です。

あなたのターゲットは誰ですか？　あなたはいつも、どのような人にアプローチしていますか？

これは、私が開催するセミナーなどで必ず問いかける質問ですが、残念ながらこれまで、この質問に明確に答えられた人はほとんどいませんでした。

あなたは、いかがでしょうか。

ターゲットとは、あなたの商品やサービスを買ってくれる人や会社などです。マーケティングやリサーチを行なう際に必要なのが、このターゲットを仮でもいいので決めることです。

類似商品が多い今の時代、誰に向けた商品なのかを明確にしなければ、どんなにすばらしい商品でも売れません。逆に言うと、**売れない商品はターゲットが明確でないことが多い**のです。

ところがたいていの人は、「中小企業がターゲットです」などと答えがちです。

ちなみに中小企業というのは、それぞれ従業員数と資本金が、

・製造業・その他の業種：300人以下または3億円以下
・卸売業：100人以下または1億円以下
・小売業：50人以下または5000万円以下
・サービス業：100人以下または5000万円以下

の会社です。その割合は、全国の企業総数の約99％にもなります。ということは、日本のほとんどすべての企業が中小企業ということになり、それではとてもターゲットとは言えません。

ただ、ご安心ください。ターゲットがすぐに答えられないのは、とくに日本の会社では多いことなのです。

その理由は、かつての「ものを作れば売れた」という時代背景にあります。技術力で成長してきた会社は、ともすると「よいものを開発すること」ばかりに気をとられて、それをどう売るかという視点がおろそかになっている場合があります。

もちろん、技術力が高いのはよいことなのですが、今の時代は「よい商品」というだけでは売れません。なぜかと言うと、あなたのライバル会社の商品も、それに負けないくらいの品質だからです。

これからは、誰にでも片っ端から売ろうとする手法は通用しません。しっかりとターゲットを決めて、その人だけにアピールしていく必要があるのです。

キャッチフレーズでターゲットを考えてみよう

先日、ふと見かけた会社で「うまいなあ」と思ったことがあります。「山歩き専門」というキャッチフレーズをつけた旅行会社です。

これを見て、あなたはどう感じるでしょうか？　自分は、山に興味がないから何も感じない？

そうです。それでいいのです。山歩きに興味のある人だけをターゲットにしているのですから。このように、自社のターゲットを会社のキャッチフレーズにしているところもあります。

他にも、商品名で見てみると、「朝専用の缶コーヒー」、「たまごかけごはん専用しょうゆ」など、○○専用や○○専門というようにターゲットを絞ったネーミングもあります。

朝、出勤中に自動販売機で缶コーヒーを買おうとするとき、何となく「朝専用」に目が留まりませんか。

実際にはどれでもいいのですが、せっかくなら朝専用にしておこうかな、という心理が働きます。そのちょっとした違いが、大きな差につながっていくのです。

こんな感じで、あなた（会社・商品）にピッタリのキャッチフレーズがあったら、集客がすごく楽にならないでしょうか。

そこで、まずは自分自身にキャッチフレーズをつける感覚で、ターゲットを絞ってみましょう。次ページの表のカッコ内に言葉を入れてみてください。これは、あくまでも仮のフレーズです。遊び感覚で、気軽に考えてみてください。

（　　　　　　　　　　　　　　）専門
（　　　　　　　　　　　　　　）の方のための
（　　　　　　　　　　　　　　）でお悩みの方へ

いかがでしょうか。

まだ、今の時点ではすぐに頭に浮かばないかもしれません。でも大丈夫です。この後、じっくりとターゲットを見つけ出すための手法を解説していきます。ターゲットの人物像までイメージできるような言葉が見つかれば、上出来です。ここを明確にすることで、より訴求力の強い5秒あいさつが作れます。

まずは、自分自身にキャッチフレーズをつけるとどうなるか。その感覚をイメージしてください。

それができたら、次にターゲットを見つける手順を解説します。

ターゲットの簡単な見つけ方

答えは顧客名簿の中にある

ある程度ビジネスを行なっている人なら、顧客名簿があることと思います。過去に取引したことのある顧客の一覧です。

では、それを細かく分類しているでしょうか。単に、あいうえお順に並べて連絡帳として使っているだけではないでしょうか。**顧客名簿には、集客のための貴重な情報がたくさん詰まっています。**

そこで、既存のお客さまを次のような切り口で分類してみましょう。

①どんな「業種」のお客さまがいるのか？

まずは、あなたの顧客を業種別に大きく分類します。「製造業」、「サービス業」、「建築業」、「食品業」、「ＩＴ系」などのように、カテゴリー分けをしてみてください。すると、どの業種のお客さまが多いのかが見えてきます。

②どんな「地域」のお客さまが多いのか？

また、顧客の所在地で分類することもできます。県別でもいいし、市区別でもけっこうです。もちろん、国別もありです。特定のエリアを中心とした戦略にも使えます。

③どんな「規模」のお客さまが多いのか？

顧客の従業員数や資本金などで分類してみると、自社にピッタリの会社の規模がはっきりしてきます。

その他、相手が個人の場合なら年齢層、性別、好きな食べ物、趣味、好きな音楽や食べ物などの「属性」で分類することもできます。あなたの商品やサービスの特性によっては、参考にしてください。

こうすることで、自分の商品やサービスがどのようなお客さまに適しているのかが見えてくるようになります。顧客のイメージがぼんやりとでも浮かんでくれば、その人に対する戦略も立てやすくなるでしょう。

この作業を行なうことで、設定したターゲットに対して、自信を持ってアプローチできるようになります。

ターゲットをひとつに絞り込む

分類して並べた顧客のタイプがわかったら、今度はそれをひとつに絞り込む作業を行ないます。

一例として、私がデザイン会社を経営していたときのものをご覧ください。

（例）デザイン会社のターゲットを絞り込む

過去の実績（業種別）	絞ったターゲット
・広告代理店 ・印刷業 ・出版社 ・医療メーカー ・歯科医師 ・建設業	医学系

これは、実際に私が行なったものです。

私がかつてデザイン会社を経営していたとき、自社の特徴は何かを検討したことがあります。デザインの仕事というのは、ほぼすべての会社（個人も含む）がターゲットになり得る業種です。つまり、売ろうと思えばどこへでも営業できるのです。

それまでは、まさに何でも屋で、来るもの拒まずという感じでした。おかげで、さまざまな業種の仕事をさせていただきましたが、どれが得意ということはない状態でした。

そこで、前ページの表のように今までの実績を並べてみました。私の場合は、業種別に分類してみたのです。

結果として、数多くの業種が横並びになりましたが、その中で少しだけ数が多いものがありました。それが医学系の業種です。

私は考えました。

「少しだけでも多くやっているということは、もしかしたら、自社は医学系の分野に向いているのかもしれない。だったら、それに特化してやってみたらどうだろうか？」

そこで思い切って、「医学系専門デザイン会社」と名乗るようにしたのです。

ターゲットを、自分の得意（であろう）分野に絞りました。

ただ実際は、今だから言いますが、当時はまだ専門と名乗るほどのものではありませんでした。ほんの少しだけ実績がある程度だったからです。

それでも「専門」を名乗ることで、他のデザイン会社との差別化に成功し、医学系のお客さまがどんどん増えていき、1年後には自他ともに認める医学系専門デザイン会社になっていました。

はっきり言って、当時のデザインのクオリティは、当社より上の会社のほうが多かったはずです。**それでもうまくいったのは、専門性を打ち出したから**です。

最初のうちは、「それほど、専門ではないんだけど」と思っていても、それを前面に出すことによって、お客さまも情報も集まって、どんどん専門家になっていきます。

○○専門と名乗るのは、過去の実績だけではなく、未来に向けて専門家になるという意思表示でもあるのです。ですから、思い切って「○○専門」とターゲットを決めてみましょう。次ページの表で、あなたのターゲットを見つけてください。

また、事業をはじめたばかりで過去の実績があまりないという場合は、4章の131ページで解説します。

（表）顧客の業種・地域・規模別記入表

顧客の分類	実績	絞ったターゲット
業種	・・・・・	
地域	・・・・・	
規模	・・・・・	

あなたは、いったい何屋ですか？

自分のことをひと言で伝えるには

売り先（ターゲット）を決めたら、次はその人に売るものを決めます。あなたは、いったい何屋ですか、という問いに対する答えの部分です。

もう20年以上も前のことですが、私が就職活動をしていたとき、とても印象に残ったことがあります。

「私たちはダシ屋です」

これは、企業の合同会社説明会で味の素の担当者が言った言葉です。

今でも憶えているほどですから、よほど印象的だったのでしょう。大企業とダシ屋という言葉のギャップも作用したのだと思いますが、他の会社より圧倒的に強いイメージが残りました。

これを、「うまみ調味料を中心に、バイオなど、さまざまな分野で活躍しています」など言ってしまっては、私の記憶には残らなかったことでしょう。

また、テレビの街角インタビューで、「あなたのご職業は？」、「普通のサラリーマンです」というやりとりをたまに見かけることがあります。

ここまで読んできたあなたなら、この答えがもったいないということがわかるはずです。せっかくのテレビ出演なのですから、このチャンスに自分自身の仕事をしっかりとアピールすればいいのです。さて、あなたならどう言いますか？

ターゲットに響くものだけに絞る

自分のことをどう言うか？　それを考えるには、前項でもお伝えしたとおり、ターゲットの選定が不可欠です。せっかく決めたターゲットと関係がないことを言っても意味がないからです。

さらにビジネスにおいては、商品やサービスも絞ったほうがいいのです。

ターゲットも絞って商品も絞る。このように、狭い範囲にすればするほど、5秒あいさつの効果は高くなります。

「でも、あまり絞るとターゲットが減るので売上げが落ちるのでは？」

そんな疑問が湧くかもしれません。絞り込むことに関しては、4章の114ページでくわしく書いていますが、最初は絞るのが恐いと思うのは当たり前です。でも大丈夫。本書を読み終えた頃には、むしろ絞らないほうが危険だということがわかるはずです。

ということで、私も商品を絞ってアピールしていました。

先ほどのデザイン会社の例です。

(例) デザイン会社の商品を絞り込む

商品・サービス一覧	絞った商品
・広告制作 ・書籍ページレイアウトデザイン ・書籍表紙デザイン ・DTP ・印刷 ・ホームページ制作 ・コピーライティング	書籍デザイン制作

先ほど、ターゲットを「医学系」と決めていました。そこに対して、どんな商品をアピールすべきかという発想です。そして最終的には、

医学系出版社をターゲットにした、医学書専門のデザイン会社

と名乗りました。

ちなみに、医学系の出版社というのは数が限られています。最初にリストアップしたときには、たったの30社でした。実際にはもっとありますが、それでもごく少数です。それほど絞り込んでも、売上げを伸ばすことができたのです。

その理由は、商品の絞込みです。

デザイン会社なので、デザインに関することなら何でもできるのですが、そこをあえて「書籍デザイン」としました。もちろん、ターゲットに響くことを考慮したうえでのことです。

こうすることで、相手には「普通のデザイン会社よりも、本のデザインをきちんとやってくれそうだ」という印象を与えることができます。こうすることで、**ライバル他社よりも、頭ひとつ抜け出すことに成功した**わけです。

提供したいものを決める際のポイント

自社商品をひとつに絞り込むには

商品ラインナップがたくさんある場合は、あれもこれもと言いたくなる気持ちはわかります。どれかひとつでも、関心を持ってもらえたらラッキーだからです。

しかしそれでは、草むらに向けて適当に矢を打ち込んでいるのと同じです。たとえ獲物に当たったとしても、それはまぐれ当たりです。まぐれはそうそう続きません。

目当ての獲物が好みそうな食べ物を仕掛けてじっと待つ。これが、5秒あいさつの集客法です。ターゲットを決めたら、それに合わせてどんなエサ（商品）を使ったらいいかを考えるのが、ここでの作業です。

ただし、これも商売です。どんなにターゲットに売れたとしても、利益が出なければ意味がありません。ですから、需要と供給のバランスを重視しましょう。

そのうえで、商品を絞り込む方法を見ていきます。

①一番売れている商品

まずは、これが王道です。売れているということは、それだけ需要があるということです。売れているものをメインに打ち出すのが一番のおすすめです。

②一番利益率の高い商品

つまり、儲かる商品です。売れる数は少なくても利幅が大きければ、会社としては魅力のある商品です。これをアピールするのも〝あり〟です。

③一番手間のかからない商品

一般的に手離れがいい商品です。後々の人件費を考えると、利幅が少なくてもトータルで利益が出る商品も、会社にとっては魅力的です。

④将来的に伸ばしていきたい商品

今後、主力にしていこうと考えている商品です。先行投資でＰＲの意味合いもありますが、それが将来のためになると判断できればいいのです。

⑤他社にない独自の商品

これがあると、営業はとても楽になります。たとえ売れ筋商品ではなくても、他社にない独自性を打ち出すことができます。

さて、あなたが最も売りたい商品は何でしょうか？　じっくりと考えてみてください。

（表）あなたの商品・サービスを絞り込んでみる

商品・サービス一覧	絞った商品
・	
・	
・	
・	
・	
・	
・	

ライバル他社との差別化を意識する

いかがでしょうか。まずは、仮でもいいので商品を決めてみましょう。そのうえで、あなたが「これを売りたい！」と選んだ商品についてうかがいます。

その商品を扱うライバル他社は、どれくらいありますか？

その中で、あなたの商品はどれくらいの優位性を持っていますか？

他者と比べて、どこが「売り」でしょうか？

一般的に、商品の「売り」というのは、パンフレットに記載されているようなものを思い浮かべがちですが、そうではありません。企業側から見た「売り」と消費者から見た「売り」とは、ズレていることが意外に多いのです。

消費者側の視点というのは、同等の商品を常に比較しています。つまり、ライバル他社の商品と比べているのです。そのとき、あなたの商品が劣っていたら勝負にはなりません。

では、どうするかというと、勝負の土俵を変えるのです。

次ページに、あなたの商品の特徴を見つける表を用意しました。その中から、ライバル他社との差別化ポイントを絞り込んでみてください。

（表）自社商品の特徴記入表

特徴	・・・・・・・
他社との差別化ポイント	

たとえば、ターゲットを変えることでライバル社の数が減るかもしれません。特徴のある商品を見せたら、お客さまは他よりも興味を示してくれるかもしれません。

このように、ターゲットと商品との組合わせによって、何通りもの売り方ができるようになります。

5秒あいさつというのは、まさに営業販売戦略なのです。

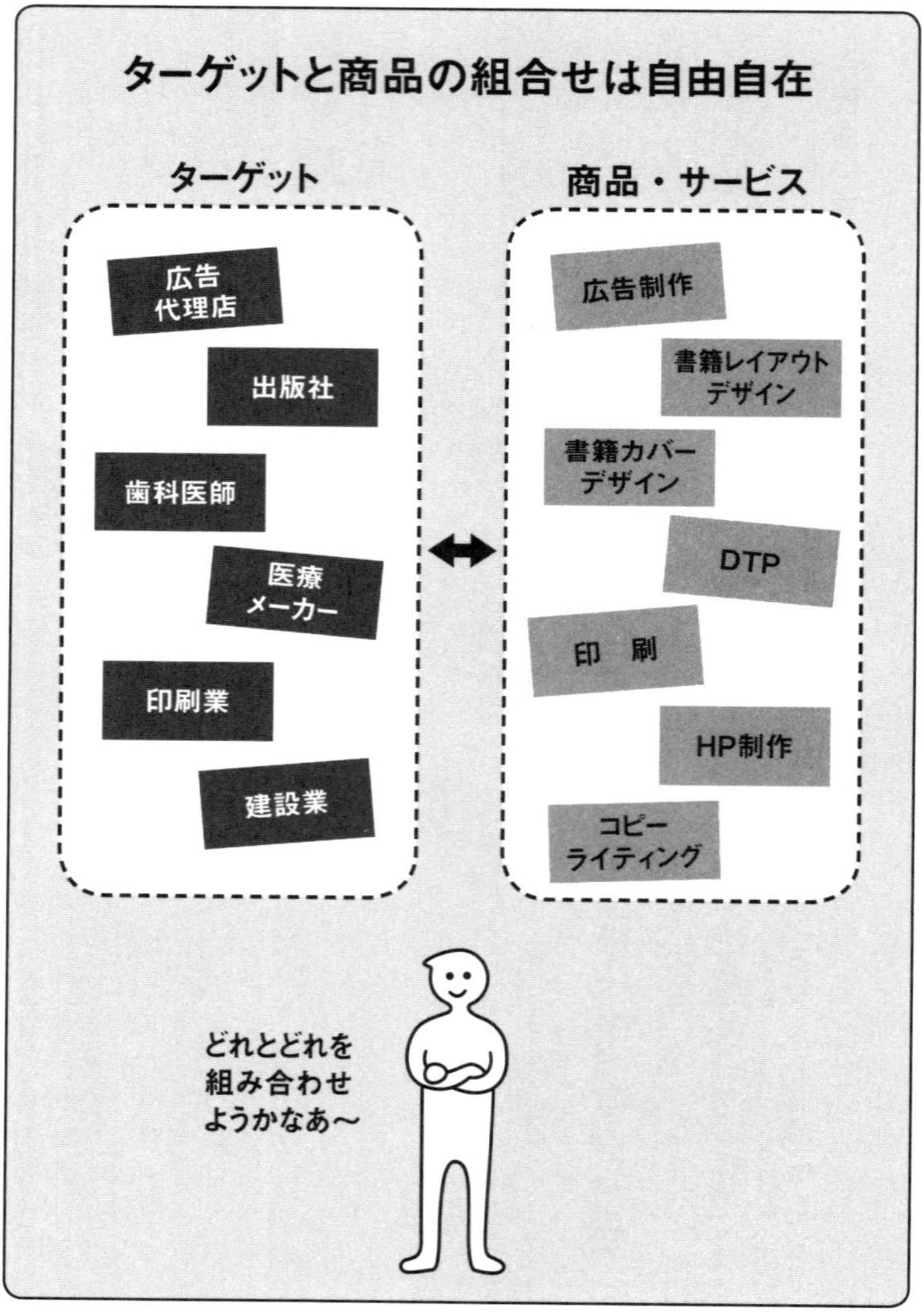
ターゲットと商品の組合せは自由自在
ターゲット
商品・サービス
広告
代理店
出版社
歯科医師
医療
メーカー
印刷業
建設業
広告制作
書籍レイアウト
デザイン
書籍カバー
デザイン
DTP
印　刷
HP制作
コピー
ライティング
どれとどれを
組み合わせ
ようかなあ～

5秒あいさつの基本形は「誰に」「何を」

目的を明確にすることでしっかりと伝わる

今の世の中、ただ黙っていたのでは、何も相手には伝わりません。どんなに優れた能力を持っていても、それが人に伝わらなければ、せっかくの能力も活かし切ることはできません。

ふだんから無口で自己主張をしなかった私は、それでも伝わる人には伝わるだろう、と安易に考えていました。わざわざ言葉にしなくても、相手は察してくれるだろうと。

ごく一部の親しい人には、それでもいいかもしれません。しかし、ビジネスとして「集客」を考えたとき、それではとてもダメだと実感しました。言うべきところはきちんと主張しないと、相手には伝わらないからです。

そのように、相手に伝えずにいたことによって、数多くの商機を逃してきました。

それでも、人を押しのけてまでしゃべることができない私は、ごく少ない言葉だけで伝える工夫をしました。その凝縮型が**「誰に」「何を」**というものです。

この最低限の情報に反応した人にだけ、次のアクションをすればいい。興味を持って聞いてくれる人になら、何とかしゃべることができる、と考えました。

つまり5秒あいさつの基本型は、

「誰に」＝絞ったターゲットに
「何を」＝絞った商品（差別化した商品）を

伝えることなのです。

5秒あいさつの目的は、ビジネスにつなげることです。決して親しくなることではありません。あなたのビジネスの目的を明確にすることで、相手にはしっかりと伝わります。後は、相手の判断に任せればいいのです。あなたのビジネスに興味がある人なら、何らかのリアクションをしてくれるでしょう。

実はマーケティングに欠かせない要素

本書で、何度も言っている「誰に」「何を」という考え方は、私だけが言っているものではありません。多くの営業・マーケティング関係者も声を大にして言っています。それほど、重要で基本的なことなのでしょう。

ですから、別に特別なことではないのです。

ただ、それを今まで意識していなかった「あいさつ」に使うことで、集客につなげようとするところがポイントです。ふだん、さり気なくやっていたことに意味を与えることで、ビジネスチャンスを格段に増やすことができるでしょう。

そして、この**5秒あいさつを考えることは、あなた自身をどうやってアピールするかという意識を高める効果もあります。**ひと言添えるだけで、相手の反応がガラリと変わるという体験を、ぜひ味わってみてください。

この章の最後に、5秒あいさつとして、よい例と悪い例を掲載します。これを参考にしていただきながら、さっそくあなただけの5秒あいさつを作りましょう。

よい例と悪い例

× 多くの方のお役に立つことが私の喜びです

これは、よく言ってしまいがちなセリフです。しかしこれでは、ターゲットも商品もまったくわかりません。結果として、自己満足するためだけの言葉になっています。

○ 60歳以上の方の健康維持に役立つ商品を扱っています

ターゲットと、それに向けてのサービスを伝えています。欲を言えば、より具体的な商品を伝えたいところです。

× お客さまとの約束は絶対に守るのが、弊社のモットーです

ビジネスとして、お客さまとの約束を守るというのは、ごく当たり前で最低限のマナーです。それを自慢気に言ってもＰＲにはなりません。むしろ、あえて言わなければ守れないのか、と疑わしくなります。

○　お客さまからの紹介が売上げの中心になっている会社です

それだけ信頼されている会社（商品）だということを、事実のみで表現しているため、説得力があります。

×　安心して食べていただける乳製品を扱っています

食品は安心して食べられるのは当然のことです。それを、あえて言う必要はありません。

○　産地直送の乳製品なので、どこよりも新鮮です

同業他社との差別化を、「産地直送」という言葉で表現しています。これで、安心感を相手に与えています。

× システム開発のことなら何でもお任せください

たしかに何でもできるのでしょうが、システム開発を行なっている会社は他にもたくさんあります。他社と比べたときの特徴を伝えないと、まったく効果はありません。

○ 全国規模の在庫管理システムのことならお任せください

商品をあえて絞ってアピールすることで、相手の印象に残ります。とくに競合が多い業種では、自社の特徴を伝えないと、その他大勢の中の一社で終わってしまいます。

いかがでしょうか。自分ではしっかりとアピールしているつもりでも、実際は相手に伝わっていないケースが多いものです。その多くは、「ひとりよがり」、「自慢話」、「自己満足」になっています。

「誰に」「何を」をもう一度意識しながら、あなただけの5秒あいさつを作ってみてください。

（表）あなたの5秒あいさつを書いてみましょう

（誰に）「　　　　　　　　　　」

（何を）「　　　　　　　　　　」

さて、あなただけの5秒あいさつはできたでしょうか？　まだ、何となくぼんやりとしか見えていない、という状態でもOKです。急に言われて、その場ですぐにパッとできるようなものでもないからです。

それでも、5秒あいさつのゴールイメージは、そこそこできているのではないかと思います。それが大切です。

今後、他人の自己紹介などのあいさつを聞いたとき、「あれじゃあダメだよなあ」と感じる下地ができれば、もうゴールは見えています。

次章では、この章で解説した基本形をベースにして、さらにクオリティを上げるためにはどうするかをくわしく述べます。いわゆる応用編です。

まだ、イメージがぼんやりしているという方でも、次章を読み進めることで輪郭がハッキリしてくるでしょう。なぜ、5秒あいさつで効果が出るのか、という本質がわかります。

4章

5秒あいさつでもっと効果を上げるには?

ターゲットの絞込みは逆に集客を広げてくれる

ターゲットを絞るのは恐い？

前章で、あなたの5秒あいさつの原型はできました。まだの人も、ある程度のイメージはできたことでしょう。もちろん、それだけでも十分に通用します。

しかし私が察するに、おそらくまだ絞り込み切れていないのではないでしょうか。ターゲットを絞ってしまうと、どうしても見込み客が減ると思って躊躇しがちです。あまり絞ったのでは、今まで集客できていた人も取りこぼすのでは？　と考えるのも無理はありません。私自身も、最初はそうでした。

ここで、ひとつの例をあげましょう。

ある帽子屋さんの話です。

帽子というのは老若男女を問わず、誰でもターゲットになり得る商品です。ですからその販売員は、最初のうちはこんなふうに宣伝していました。

「帽子の販売をしています。帽子のことなら、何でもお申しつけください」

本書をここまで読んでいるあなたなら、この宣伝に効果がないことはおわかりでしょう。そうです。ターゲットがまったく絞られていないからです。

しかし、全員に通用する商品なのだから絞りようがないのでは？　と思われるかもしれません。ただ、結果を見る限り、先ほどのセリフでは、どんなに宣伝しても「ぜひ買いたい」という人はいませんでした。

そこで、その帽子屋さんは考えました。どうせ効果がないのなら、ダメもとで思いっ切りターゲットを絞ってみてはどうだろうか、と。

「私は帽子屋です。なかでもメガネをかけたショートカットの女性にピッタリの帽子を扱っています」

いかがでしょうか。これでは、いくら何でも絞りすぎだろう、と思われたでしょうか。

当然ながら、ターゲットは狭くなっているので、当てはまる人も少ないでしょう。

ところが、ある男性が声をかけてきたのです。

「ひとつほしい」とのことでした。

聞けば、奥さまへの誕生日のプレゼントとして買いたいというのです。

目の前の人ではなく、その人を経由して他の人が使うために売れたのです。

専門家になれば口コミが発生する

さて、先ほどの帽子屋さんですが、奥さまへのプレゼントとして売れました。これは偶然でしょうか？　私はそうは思いません。

たしかに、ターゲットを絞ることで直接の該当者に伝わる機会は減るでしょう。ところがこの例のように、間接的に該当者に伝わることで、顧客を創造することができるのです。考えようによっては、直接よりも間接的に広まったほうが、結果としてより多くの人に伝わることになります。実は、これが本当の狙いです。

ターゲットを絞るということは、言い換えると、その分野の専門家、もしくは第一人者と認識されやすくなります。帽子屋さんの例も同様です。

「この分野を専門にやっているのか。何だかすごそうだな」という感じです。

奥さまへのプレゼントを選ぶとき、普通のどこにでもある帽子屋さんから買うか、それとも奥さまにピッタリの商品を扱っている「専門店」から買うかと聞かれたら、もちろん後者を選ぶでしょう。後者は、「メガネをかけたショートカットの女性専用」の帽子屋さんと認識されます。せっかくなら、専門店で買いたいと思うはずです。

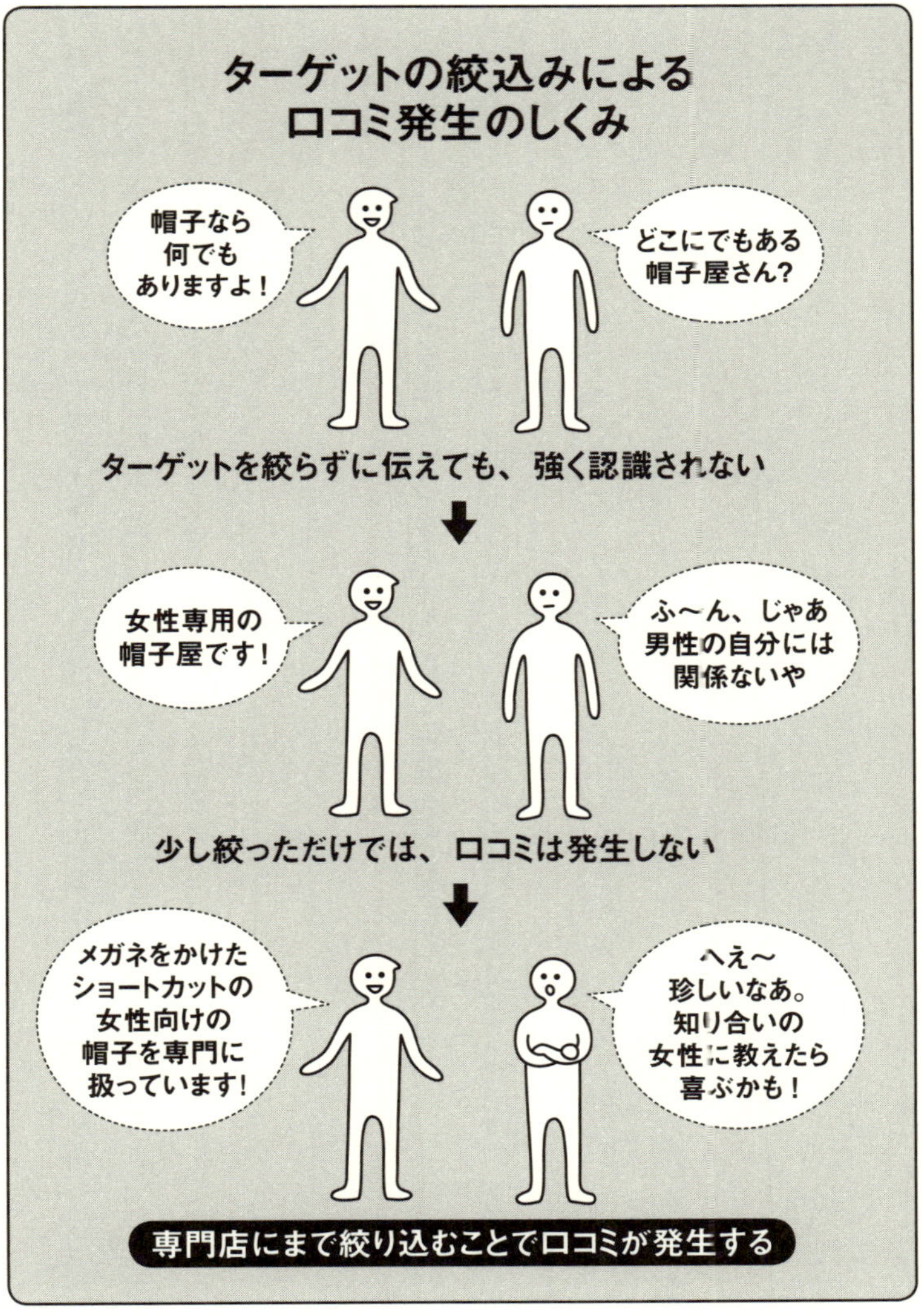
ターゲットの絞込みによる
口コミ発生のしくみ
帽子なら何でもありますよ!
どこにでもある帽子屋さん?
ターゲットを絞らずに伝えても、強く認識されない
女性専用の帽子屋です!
ふ〜ん、じゃあ男性の自分には関係ないや
少し絞っただけでは、口コミは発生しない
メガネをかけたショートカットの女性向けの帽子を専門に扱っています!
へえ〜珍しいなあ。知り合いの女性に教えたら喜ぶかも!
専門店にまで絞り込むことで口コミが発生する

さらに、そのプレゼントを渡すとき、「これは、君にピッタリの帽子屋さんから買ったんだよ」と言えば、より喜ばれると想像できます。専門店で買ったほうが、商品に説得力がプラスされるからです。また、人にも話しやすくなります。つまり、結果として買いやすいということになるのです。

そう考えていくと、どうでしょう。ターゲットを狭めてみても、案外広く伝わると思いませんか？　**しかもより伝わりやすく、さらに説得力を増して**、です。

それがわかれば勇気を持って、思い切りターゲットを絞り込んでみましょう。

「何でもできます」では、何もできないのと同じ

後回しにされる業者は決まっている

今の時代、オンリーワンの商品などありません。仮にあったとしたら、集客など考える必要はありません。黙っていても、お客さまはやって来るからです。そうでないなら、あなたが扱う商品にも、必ずどこかに競合他社がいます。

ということは、お客さまが買い物をするときには、いろいろな類似商品の中から、自分に最も合ったものを選ぶという作業が発生します。実は、これがクセモノなのです。どの商品もみんな均等に検討されているかというと、そんなことはありません。順番があるのです。それは、専門性の高い順です。

私がデザイン会社を経営していたときも、同じような経験をしたことがあります。イラストを、どのイラストレーターに描いてもらおうかと検討するときです。まず最初に打診

するのは、クオリティも価格も高く、しかも忙しい人でした。こちらとしても、よいイラストを使いたかったし、先に連絡しないとスケジュールがとれない可能性があるからです。

その人に断られると、次は少しランクを落として検討することになります。そうして最後に残るのは、いつでも頼めば描いてくれて値段もリーズナブルな人です。

「いつでも何でもできますから、仕事をください」という人は、選択肢として後回しにされるのです。あなたの仕事のスタイルはどうでしょうか？

前に、「いつも急ぎで、値段も安い仕事ばかり注文する嫌なお客さまがいた」とお話ししましたが、今思うと、それはそのお客さまが悪いのではなく、私の会社がそのような対応をしていたことが原因だったのです。

値切られて、なおかつ納期も短く要求されるという業者はだいたい決まっています。そのような仕事ばかりを請けていると、いつかは金銭的にも体力的にも消耗してしまいます。そうならないためにも、**最初に選ばれる存在**になりたいものです。

そのためには、ターゲットと同様に、こちらの仕事も絞って伝える必要があるのです。

総合商社同士で価格競争にならないために

何でもできる会社の代名詞と言えば、総合商社です。とにかく、品揃えだけを売りにして大きくなってきたところも多いでしょう。

ところが、同じ商品をライバル社で扱っていると、当然ながら価格競争になってしまうため、後は消耗戦になります。その結果、会社の体力があるほうが勝ってしまいます。

そうなってしまうと、準大手の商社などは苦しい立場に置かれます。市場の需要が高ければいいのですが、今のように売れない時代だと、顧客の奪い合いになり死活問題となってしまうのです。

そこで、自社商品の絞込みです。他社に負けないところを、前面に出しましょう。

「ネジなら、何でも揃っています」（機械工具商社）
「在庫管理システムなら、お任せください」（システム開発）
「パソコンに強いスタッフが揃っています」（家電量販店）

もちろん総合的に見て、他社と比較してもそれほどの大差はないかもしれません。それでも、これだけは他社には負けないという点を強調することで、より伝わりやすくなるのです。

たとえば、「ネジなら、何でも揃っています」と言うことで、ネジの第一候補として選んでもらえる可能性が高くなります。だからと言って、ネジしか売れないかと言うと、そんなことはありません。他の工具も売れます。

ここで言う「商品を絞る」というのは、お客さまに認識してもらって付き合いやすくするための手法です。一度ネジを買った人には、ついでに他の商品もＰＲしやすくなるのです。つまり、最初の接点をどの商品で作るかという考え方です。

なおかつ、第三者にも伝わりやすくなるため、口コミ効果も狙えます。

いかがでしょうか。商品を絞るということは、それほど恐れることではないというのがご理解いただけたかと思います。

戦略的に絞った商品で、自社をアピールしましょう。

商品を絞ることによる効果
機械工具なら何でもあります!
ふ～ん 今取引している会社と同じかあ～。じゃあ、必要ないな
商品を絞らずに伝えても、強く認識されない
商品を絞る
ネジなら何でもあります!
ネジが得意な会社なんだね! 憶えておこう!
同業他社と比べて特徴を憶えてもらいやすい

「誰に」、「何を」に「誰が」をプラスする

その商品を扱っているあなたは何者か？

3章では、ターゲットを絞る「誰に」と、商品を絞る「何を」ということを伝える重要性をお話しいたしました。もちろん、それだけでも十分に効果は上がるのですが、さらに一歩進めて、もうひとつの要素を加えることをおすすめします。

それは、**「誰が」**です。

誰向けの何なのかはよくわかった。しかし、その商品を扱っているのは、どこのどんな人なの？　そんな疑問を解消することで、より説得力のある5秒あいさつにするのです。

ただし、ここで間違えやすいのは、「誰がということは自分のこと、つまり社名や名前を言えばいいんだ」と思いがちなところです。

しかし、誰も知らない社名や名前を伝えたところで、それが説得材料になるはずがありません。説得できるのは、著名でブランド化している社名などの場合のみです。

品質が同等な商品でも、「ソニー製」と「ピクトワークス製」があれば、間違いなくソニー製が選ばれるはずです。弊社名（ピクトワークス）を、「誰が」の部分に使っても効果は見込めないのです。

ターゲットに対して、しっかりと説得力のある言葉を選びましょう。たとえば、

「自動車部品用の（↓誰に）
小型ネジを扱っています。（↓何を）
ちなみに、ネジの出荷量は関東地区でトップです（↓誰が）」

このように、「誰に」、「何を」、そしてその裏づけとして「誰が」を加えることで、訴求力を増すことができます。

あなたも、本を買うときやホームページを見て何かを購入しようとする場合、その人のプロフィールを見たりしませんか？　買いたいけど本当に大丈夫なのか、をたしかめる意味でも、裏づけとなる著者や販売者を知りたいと思うはずです。5秒あいさつでも、「誰が」

を伝えることで、受け手の行動を促す効果があるのです。

「誰が」の目的は信頼性を高めること

さて、その「誰が」ですが、ここで気をつけるべきポイントがあります。それは、信頼性を高める言葉を選ぶことです。

単なる、あなた（会社）の自慢ではなく、相手にとって信頼に足る存在であることがアピールできなければ意味がありません。

たとえば、

「信頼され続けて50年」

「顧客第一主義の会社です」

などは、ついつい言いがちなセリフですが、これでは効果はないでしょう。

自分で、自分のことを「信頼されている」と言っている人を、本当に信頼できるかという疑問です。

ところが、これらのセリフはホームページや会社案内のパンフレットなどに平気で書かれていて、ある種の決まり文句のようになっています。ですから、当たり前のように使ってしまいがちなのです。気をつけたいところです。

本当に信頼を高める言葉とは、

「口コミだけで10年間売れ続けています」
「○○の分野ではナンバーワンです」
「上場企業○○社がクライアントです」

などのように、具体的かつ客観的な数値で表わされるものです。主に、実績や経歴などで効果的なものを選んで伝えましょう。

ところで私の場合は、「内向型で売れずに悩んでいる営業マンに教育トレーニングを行なっています。ちなみに、こんな本も書いてます」と言いながら、著書を見せるようにしているのは、本が、私に信頼を与える「誰が」になっているからです。

「誰が」は、意図して作り上げるもの

ソニーは、自然に有名になったわけではない

説得力のある「誰が」を持っていると、説明がとても楽になります。それを伝えるだけで、相手は勝手によいイメージを持ってくれます。電化製品で「ソニー製」と言えば、それだけで信頼度はグンと上がるはずです。何と言っても、世界的に有名なブランドだからです。

あんなブランドがあればいいなあ、などとうらやましく思ったりもします。

そんな私も、たまに言われることがあります。

「本を書いているんですか。いいですね、それだけで偉く見られて」

もちろん、ストレートにこんなことを言う人はいませんが、言外のニュアンスとして、こう言われているような感じになるときがあるのです。

でもこれ、ある意味では本当です。私が本を書いていると知ったとたん、態度が急に変わる人や「先生」と呼びはじめる人もいます。そのおかげで、簡単に仕事につながったケースもあります。**細かく説明したりがんばって説得しなくても、相手が納得してくれるもの。それが有効な「誰が」なのです。**私が本を出したいと思った理由は、まさにそこです。

何度も言いますが、私は口ベタで内向的な性格です。いろいろな人に、大きな声でアピールをしたり、積極的に人に説明して回ることは困難です。しかし、何とかして自分のことを知ってもらい、認めてもらう方法はないものか、と考えたとき、「本を書く」という道を選んだのです。

もちろん、そう簡単なことではありませんでした。最初の本を出すまでには、かなりの苦労をしました。ただ私にとっては、積極的にアピールする行動のほうが難しいと判断したため、本を出すという手段を選んだのです。このあたりは、人それぞれだと思います。

おそらく、ソニーもそうだったのでしょう。私と天下のソニーを一緒にするつもりはありませんが、「世界的なブランドになれば商売が楽になる」という発想はあったはずです。

ソニーがまず最初に、アメリカに進出したのもそういった意図があったからです。

いずれにしても、「誰が」という信頼度を上げるものは、自分で意図して作り上げるものです。たまたま有名になった、などというものではありません。

もし現在、あなたにそれがなかったとしたら、これからでも作るようにするべきです。自分の信頼度を上げるにはどうしたらいいのか？　それが積み重なるにつれて、「集客」がどんどん楽になるようなものを、ぜひ作り上げてください。

大きな単発よりも、小さな継続が信頼度を上げる

信頼度を上げるもの。それは、何も派手に目立たなくてもいいのです。むしろ、小さなことでも毎日コツコツと続けているもののほうが強い場合があります。

一日一回ブログを書くということを5年も続けたら、それは誰にでもできることではありません。5年後には、立派なブランドになっていることでしょう。

創業以来、毎年利益の5％を施設に寄付している会社があったら、同業他社と比べて一目置きたくなります。

自分（自社）は5年後、10年後に、このブランドで信頼度を上げようというプランを立てて、今からでも行動するといいでしょう。

「過去の実績」がないときは、「未来の展望」を使う

まだ新しい会社なので「売り」がないのですが……

過去の実績や経験などは、ビジネスをしていくうえで大きな売りになります。同じ商品なら、「売れている」という実績があるほうが選ばれるのが一般的です。

しかし、設立間もない会社や起業したての人などには、そのような売りになる実績はありません。そんなときは困ります。自分自身をアピールするものが何もないからです。

しかしご安心ください。ちゃんと方法があります。

「過去」がなくてもたくさんあるもの。それは「未来」です。

これから先の展望や目標をアピールすることで、他社との差別化が可能になります。

「まだ起業したばかりですが、3年後には都内にオフィスを構えます」
「今年入った新人ですが、将来は社長を目指します」
「まだ新しい会社ですが、環境問題に取り組んでいます」

過去の実績がないときは未来の展望を語る

創業以来
20年の実績が
あります!
…………
（自分には
何もない）
大手企業
との取引実績が
多数あります!

過去の実績がないから、アピールするものがない?

↓

まだ新しい
会社ですが、環境
問題に積極的に
取り組んでいます
3年後には
エリアナンバーワンを
目指しています!
新人ですが、
将来は社長を
目指しています!

未来の展望を語ることで、あなたの独自性をアピールできる

考えてみれば、マイクロソフトやグーグルなどの大企業も、最初は個人の夢からスタートしました。その夢や展望に対して、まわりが賛同していったのです。ある意味で先行投資と同じです。

ですから、まだ実績がなくても**「将来を買ってもらう」という意識**を持てば、先行他社と肩を並べることができるのです。

それが、あなたの「個性」になり、「売り」になってくれます。

「ビジョン」が個性になる

自社の売りが見えないことは、何も創業したての会社に限りません。老舗の会社でも、アピールすべきポイントが見えない場合があります。

とくに多いのが、定価が決まっているものや値引きなどをしない商品を扱っている場合です。

保険商品や金融商品、また書籍などもそうです。どこでも同じ商品が手に入るし、値段も同じだとしたら、どこで差別化すればいいのかわかりません。普通に商品説明をしているだけではお客さまから選んでもらえないのです。

そこで**「ビジョン」**です。

会社としてのものでもいいし、また個人的なビジョンでもかまいません。

どこでも手に入る商品だとしたら、商品を前面に出してアピールしても、それほど効果は期待できないでしょう。それ以外の要因を考えると、その商品を扱っている「気持ち」の部分にフォーカスするしかないのです。

Ａ「保険を扱っているので、ご要望がありましたらお声がけください」
Ｂ「保険を扱っていますが、一生お付き合いできる人間になりたいと思っています」

同じ商品を扱っているなら、Ｂの人から買いたいと思うはずです。

このように**将来の展望を伝えることは、他者との大きな差別化になる**のです。とくに現在は、類似商品がたくさんあります。もう、商品自体の差はなくなってきています。

ということは、**あなた自身を「売り」にしていく**しかありません。

将来に向けて、明確な「意志」を持っていることを強くアピールすることで、他社との差別化を図りましょう。

しゃべる以外にも、伝える方法はある

言葉にしないあいさつだってOK

あいさつというと、どうしてもしゃべることだと思いがちですが、それにこだわる必要はありません。5秒あいさつの目的は言葉を交わすことではなく、集客につなげることだからです。そのためには、手段は何でもいいのです。

そもそも私の場合はしゃべることが苦手で、営業マン時代も、口で説明するより何か資料を見せるようにしていました。営業の目的も、しゃべることではなく相手に納得してもらうことにしていました。

ですから、**しゃべらないあいさつだってアリ**なのです。

実は、このことは本書でもすでに解説していました。私が自己紹介のあいさつをするときに、本を見せていたのがそうです。

口で「私は本を書いています」と言うよりも、現物を見せたほうがはるかに説得力が増します。もし、あなたに見せられるものがあるのなら、迷わずそれを見せるようにしましょう。

商品の写真でもいいし、場合によっては商品そのものを見せながらあいさつをすれば、よりインパクトがあります。

そのためにも、常にそれらを持ち歩く準備をしておくことをおすすめします。実際、私はどんなときも、自分の本を持ち歩くようにしています。

五感で伝えることを意識しよう

現物を見せるというのは、視覚に訴える方法です。視覚は、聴覚（言葉で伝える）よりもはるかに多くの情報を伝えることができます。

そして、もうひとつおすすめなのが「触覚」です。相手に触ってもらうのです。

ある有名な下着メーカーの男性社員は、いつもカバンのなかにブラジャー（もちろん商品）を入れて持ち歩いているそうです。カタログではなく現物。やはり手に取って触ってもらうことの説得力を知っているからです。

また、自己紹介のあいさつのときでも、「これを扱っています」と言って、カバンからブラジャーを出せば、瞬時に相手に伝わります。

このように持ち歩ける商品があるなら、それを有効に使いましょう。

現物には、もうひとつの効果があります。それは手渡すことで、相手がそれに集中してくれることです。商品を持ちながら、別の話にはなりにくいものです。やはり、その商品についての感想や質問が出やすくなるのです。


さらに言うと、思わず商品を持たされてしまった相手は、そのまま帰るわけにはいきません。そのため、自然にこちらの話を聞くようになります。

あいさつがてら、ポンと商品を手渡して「こんなものを売っています」というのも立派な5秒あいさつなのです。

そもそも、5秒あいさつとは営業戦略である

「誰に」、「何を」は本来、会社が決めること

ターゲットを決めて、それに適したアプローチをすること。もうお気づきかと思いますが、これは商品を企画する段階で練るべきものです。

本来、ビジネスを起業するとき、ある程度想定されたターゲットに対して、商品やサービスを販売できる見込みが立っているのが通常です。うまくいきそうだという目算があるからこそ、会社を興すものだからです。

商品の開発にしても同様で、売れそうだから作る。これが基本です。

ところが、日本の企業に多く見られることなのですが、〝とりあえず作ってみて、その後で、どう売るかを考える〟という傾向があります。そうなると、もう戦略も何もあったものではありません。すべてが営業まかせです。日本の営業が、特殊で難しいと言われる理由がそこにあります。

今、自分の商品の売り方がわからないという営業マンがいたとします。しかし、それはその営業マンだけの責任ではありません。本来は、会社がそれを決めるべきなのです。そう、「誰に」、「何を」というのは営業戦略のことです。営業部門、もしくは会社全体で決定すべきことで、一営業担当者が独自に行なうものではないのです。

まあそうは言っても、現実問題として営業マンがそれぞれ考えて行動しなければ、何もはじまりません。

ここで言いたいことは、**5秒あいさつは、会社の戦略ともなり得るもの**なので、そう簡単にはできない、ということです。すぐによい言葉が浮かばなかったとしても、そう悲観することはありません。じっくりと時間をかけて練り上げていくべきものだからです。

そして、あなたの売りたい商品とターゲットがピッタリ重なる言葉になったとき、まさに本書のタイトルどおりの〝**ザクザク集客**〟が実現します。

自ら経営者感覚を持つクセをつける

あなたが企業の一営業マンだとしても、お客さまと向き合うときには会社の代表となります。社外で人と会うときには、常に会社の看板を背負っているという気持ちでいたいものです。

自分の会社をどう見られたいのか？　自社の商品をどうとらえてほしいのか？

5秒あいさつを考えるということは、そのまま経営者感覚で物事を考えることになります。単に、目先の商品を売るためだけではなく、将来を見すえたアピールができるようになると、あなた自身も変わってきます。経営者の視点になるからです。

この商品を、もっと広めるためにはどうすればいいのか？――経営者になったつもりで、5秒あいさつを考えるクセをつけてください。

それができるようになると、あなたを見るまわりの目も、きっと変わってくるはずです。

トライ＆エラーでブラッシュアップ

一回でベストのものなどできない

何でもそうですが、一回で成功することなどほとんどありません。ビジネスも、うまくいくときもあれば、失敗するときもあります。実験を繰り返しながら、精度を高めていくのが本来のビジネスの姿です。

5秒あいさつも、一度でベストのものなどできない、と考えておきましょう。試しに作ってみて、それを実践しながら少しずつ改良を加えていくのです。

私も、他人のセミナーでの自己紹介では毎回実験をしています。たったひと言変えるだけで、参加者の反応がガラリと変わることもありました。自分の頭の中だけで考えているより、とりあえずやってみて反応を見るほうが圧倒的に近道なのです。

絞込み度を変えてみる

トライ&エラーをするときに気をつけたいのは、絞込みの深さです。ターゲットを絞るといっても、その目安がわかりません。商品やマーケットなどにも左右されるため、これという答えがないからです。やはり、実際に使って試してみる以外にありません。

「自動車部品専門のネジを扱っています」

←（絞り込む）

「自動車のエンジンに使うネジを扱っています」

←（さらに絞り込む）

「ハイブリッド車のエンジン専用のネジを扱っています」

このように、ターゲットの絞込みだけでもいくつものパターンができます。そのうえで、商品も併せて絞り込んでいくと、さらにたくさんできるはずです。それを試しながら、最適化していきます。

目安としては、相手から質問や問い合わせなどの興味を示すリアクションがあるかどうかによって判断していきます。

「弱み」が「強み」に変わることを知ろう

欠点だと思っていたものが、意外と「強み」だった

何度も言いますが、私は内向型です。しかし、こうして堂々とそれを言えるようになったのは、ごく最近のことなのです。

それまでは、自分の性格が大嫌いでした。子供の頃から、ずっとコンプレックスを持っていました。できれば、人にはそれを知られたくないと思っていました。内向型という性格は、欠点でしかないと思い込んでいたのです。

あなたも、内向型というのはマイナス要因だと思うでしょう。それは当然です。積極的で明るいほうがいいと、誰だって思うに決まっているからです。

ところが今では、私の「強み」は内向型だと自信を持って言うことができます。

その理由は、内向型と公言してから、それまではまったくなかった雑誌やテレビ、ラジオなどからの取材依頼がたくさん来るようになったからです。

もちろん、それに比例して私自身の仕事量も圧倒的に増えました。内向型ということが、私のビジネスを加速してくれているのは間違いのない事実です。

逆に、今の私から「内向型」を取ってしまうと、何の特徴もなくなってしまいます。それを想像すると……とても不安です。

そう考えると、**一般的に欠点だと思われていることでも、意外と「強み」として活かせることもある**のです。

あなたはどうでしょうか？　自分では欠点だと思っていることも、裏を返すと、あなた自身の個性になります。その個性が強いほど、逆に強力な武器として使うことができるのです。

今まで隠してきた欠点やコンプレックスをもう一度見直してみると、意外なアピールポイントになるかもしれません。

商品の違いはターゲットの違いである

次は、人ではなく商品で見てみましょう。あなたの商品とライバル会社の商品には多少なりとも違いがあります。ライバル会社の商品にある機能が、あなたの商品にはない、ということもあるでしょう。しかし、それは商品が劣っているわけではありません。単にターゲットが違うだけなのです。あなたの商品のターゲットには、ライバル会社が持っている機能は必要ないからです。

このようにあなたの商品には、独自のターゲットが存在しています。**その人だけに向けてアプローチすること。そしてライバルがいない分野で一人勝ちすること。**それが5秒あいさつの目的なのです。

さて次章からは、せっかく考えたあなただけの5秒あいさつを、もっと有効に活用するにはどうしたらいいかを解説していきます。

5章

5秒あいさつの場面別応用例

セミナーでの自己紹介で効率のよい集客を！

集客活動は主催者も公認！

ここまでの章で、5秒あいさつ集客法についてご理解いただけたことと思います。ただ、それを実際に使って効果が出なければ意味はありません。

そこでこの章では、5秒あいさつを有効に使える実践場面をご紹介します。単にあいさつの場だけでなく、あなた自身をアピールする、さまざまなケースで応用が可能です。

まずは、セミナーでの自己紹介を見ていくことにしましょう。

5秒あいさつで集客することを考えると、セミナーというのは、最も身近でハードルが低い場です。参加する人の客層もある程度わかるし、何より参加費を払えば、誰でも参加することができるため、〝攻めの集客〟が可能になります。

もちろん、セミナーは本来、集客の場としてあるわけではありませんが、プラスアルファの効果として、主催者側も参加者同士の交流を奨励しているため、半ば堂々と集客活動ができます。

セミナーのいいところは、ターゲットが狙いやすい点です。経営者向けセミナーなら当然、社長や幹部が集まりますから、その層にアプローチしたいときには有効です。他にも、主婦をターゲットにしたものや学生に絞ったものなどさまざまです。また、高額セミナーには、やはりそれなりに意識の高い人が集まります。

ただし、あまりにも露骨に集客目当てで参加すると、あなた自身が周囲から浮いてしまうため、気をつけたいところです。

少人数のセミナーが狙い目

たくさん参加者がいるからといって、集客につながるかというとそうでもありません。むしろ、10~20人程度のほうが、個々の顔がよく見えて深く関わりやすくなります。

私も、定期的にセミナーを開催していますが、だいたい20人以下だと、それぞれ自己紹介をしていただくケースが多くなります。それ以上の人数になると、自己紹介だけで多くの時間を割くことになってしまうからです。そのあたりのことも、検討材料にしておくといいでしょう。

セミナーでの5秒あいさつ活用法

「では、これから一人ずつ自己紹介をしていただきましょう」

今までは苦痛な時間でしたが、これからは違います。「待ってました！」とばかりに、準備しておいたあいさつを使いましょう。

全員に自己紹介をするときのコツは、まずはじめに5秒あいさつをします。しかし、もう少し持ち時間があるなら、その後で補足をするという形式にするのがおすすめです。**5秒あいさつは、あなた自身のキャッチコピーです。**まず、そこで興味のある人だけに絞り込んでから、その人に向けて言葉を補ってあげましょう。

たとえば私の場合、「内向型で売れずに悩んでいる営業マンのトレーニングを行なっています」と5秒あいさつをした後で、「上手にしゃべらなくても、コツさえつかめば売れます。子供の頃からクラスで一番無口だった私でさえできたのですから。ちなみに、こんな本も書いています（本を見せながら）」といった感じです。

これでも15秒程度ですが、私にとってはこれくらいで十分です。ぜひ、セミナーの場で活用してみてください。

いかに質問されるかが異業種交流会のコツ

売り込まずに、さり気なくアピール

セミナーで人脈を拡げるというのは、ある意味で二次的な目的になりますが、異業種交流会というのは、人脈を作ってビジネスを拡げるのが第一目的です。

それだけ、参加者の意欲も違ってきます。なかには、ガツガツと商品を売り込んでまわる人や、商品パンフレットを片手に説明しまくっている人もいます。

しかし、ここまで読んできたあなたなら、もうそんなことはしないはずです。というより、むしろ売り込んだほうがマイナスだということがわかっているはずです。

そこで異業種交流会では、無理に売り込まずにさり気なくアピールすることを心がけましょう。

「こんな人向けに、こんな商品を扱っていますよ」

それだけ伝えて、よりくわしく聞きたいという人を絞り込むのです。説明は、興味のある人にだけすればいいのです。商品のよさを判断するのは相手です。こちらは、その判断材料を見せるだけです。

おそらく説明をはじめると、たいていの人は聞いてくれるでしょう。しかし、そこで勘違いをしてはいけません。「聞いてくれる」＝「興味がある」とは限らないのです。

とくに、日本人は他人の話を最後まで聞いてあげる傾向があります。興味がなくても、聞いているフリをしているのです。そうとも知らずに、どんなに熱く話をしても結果はついてきません。そんなムダをなくすためにも、まずはリサーチをする感覚で5秒あいさつを使いましょう。

顧客候補を一人だけ見つければOK

大勢の人がいるからといって、手当たりしだいにPRしてまわるのはいけません。みんな逃げていってしまいます。

また、相手が話を聞いてくれるからといって、ひたすら説明し続けるのも考えものです。そうすることで、実際にビジネスに発展するとは限らないからです。

せっかくお金を出して参加したのだから絶対にお客を見つけるぞ、と気合を入れても、それは必ず相手に伝わります。売り込まれそうになると、人はガードを高くします。

ですから、次項でくわしく説明しますが、5秒あいさつは名刺交換のときに使いましょう。

そして、あなたのあいさつに反応した人を絞り込むのです。反応しなかった人というのはあなたに興味がないか、自分自身のことをアピールするのに精いっぱいだからです。

とくに私はそうなのですが、相手が興味なさそうにしているのにしゃべり続けることができない性格です。自分のせいで、相手に迷惑をかけているかもしれない――そう思うと、それ以上話し続けることができないのです。

あなたに興味のある人の見つけ方は簡単です。あなたの5秒あいさつの言葉に対して、質問をしてきた人です。

後は、その質問に対して答えるだけでいいのです。あくまでも、**こちらから〝勝手に〟話すのではなく、相手の質問に答えるという説明スタイル**でいきましょう。

集客とは、人数を集めることではなく、より確度の高い顧客候補を見つけることです。一回の交流会で、たった一人だけでも顧客候補に出会うことができたら、それは大成功なのです。

名刺交換の一瞬で、相手に強く印象づける

視覚を意識すれば効果は倍増！

セミナーにせよ異業種交流会にせよ、名刺交換のときの5秒あいさつはとても効果的です。誰でも、名刺を渡せば受け取ってくれて、こちらのあいさつもきちんと聞いてくれます。この初対面同士で名刺を交わす、という習慣を利用しない手はありません。ビジネスマナーとしては、社名と名前を名乗りながら名刺を渡すことになっています。しかし、そんなことは当然名刺に書いてあるので、重複した情報を伝えていることになります。それはもったいないことです。

そこで、名刺交換でも5秒あいさつをしながら渡しましょう。もう、それが新しい常識になってもいいと思います。そのうえで、さらに上を目指すことをおすすめします。

また、名刺にも5秒あいさつの言葉を印刷しておきます。言葉で聴覚に、そして名刺で視覚にアピールすれば、その効果は数倍になります。

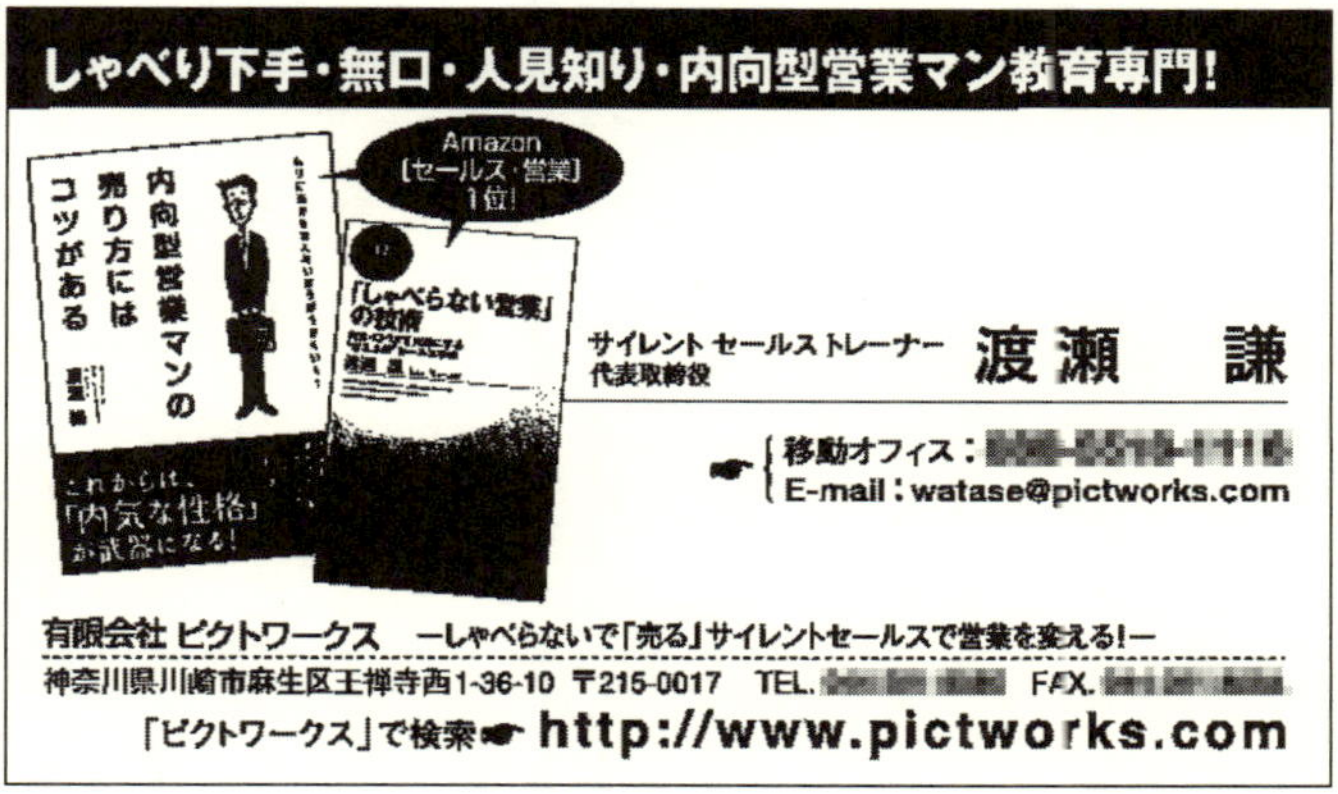

あなたが作った5秒あいさつは、いわばキャッチフレーズです。それを名刺に使えば、さらに効果が上がります。ちなみに、私の名刺にもしっかり書いてあります（上図）。

せっかく、印象に残る言葉を考えたのですから、相手の手元にずっと残るようにしておきたいものです。最初の話題のきっかけとして名刺から情報を探すような場合にも、そこに印象的なことが書かれていれば、相手も話題にしやすくなります。それが狙いです。

「へえ～、内向型の人向けなんですか！　実は、私も内向型なんですよ」

「そうなんですか？　そうは見えませんけど」

「初対面の人と会うと、いつもあがってしまうんです」

こんな感じの会話になるのが、私にとっては理想です。とくに、こちらから売り込んだりしなくても、私のビジネスが話題になれば、それがそのままPRにつながり、相手の記憶にも残るはずだからです。

よく名刺の裏などに、自分の趣味などを書いている人を見かけますが、**どうせ話題にしてもらうのなら、ビジネスに直結することのほうがいい**でしょう。

私はこれを、**「話題のコントロール」**と呼んでいます。できるだけ、こちらのビジネスに近い話題で雑談をすることで、とくに強くアピールしなくても、しっかりと相手の印象に残して仕事につなげることを心がけたいものです。

営業の飛び込みやテレアポでも有効

ピンポンの後の第一声で決まる

ところで、あなたは飛び込み営業をしたことがあるでしょうか? 私も、リクルートで営業をしていた頃は、〝仕方なく〟やっていました。

私にとっては、見ず知らずの会社にいきなり行って、「社長に会いたい」などという強引な営業は、本当に苦痛でした。ありったけの勇気を出して、玄関のチャイムを鳴らしても冷たく断られて、ときには怒鳴られて、そのたびに落ち込んだものです。飛び込みは、営業マンにとっては辛い仕事の筆頭と言っていいでしょう。

以前、営業マンの育成をしていたとき、飛び込み営業部隊を任されたことがあります。私自身、飛び込み営業に関してあまり積極的ではなかったので、どうやったらいいのかわかりませんでした。

ただ、わかっていたことがひとつあります。それは、正攻法で「○○会社の××です。ちょっとお話を聞いていただけませんか？」などというアプローチの仕方では、その場で断られてしまうということです。

そこで、応用したのが5秒あいさつです。誰宛に、何をしに来たのかを最初に伝える手法をとったのです。

「ただ今、○○マンションの方に、△△のご案内をしています」

このように、最初に「誰に」と伝えることで、具体的な建物の名前を使って「こちらのマンションをめがけて来た」ということを伝えます。そうすることで、単なる飛び込み営業ではなさそうだ、という印象を与えるのです。

次に、「何を」ということで、これも具体的な商品・サービスを伝えます。ここでのポイントは、このマンションに対して商品を案内する必然性を加えることです。

たとえば、

「駅から徒歩20分以上のご家庭に、電動アシスト自転車のご案内」

「テレビの電波障害が起こりやすい地域に、ケーブルテレビのご案内」

などのように、自分が扱っている商品特性に合わせた地域に案内していると、伝えるようにしたのです。

その結果、話を聞いていただける確率が格段にアップし、営業マン自身のストレスも軽減することができました。

初対面の人に商品説明をしたいときにも、この5秒あいさつが応用できるのです。

テレアポでも使える

飛び込み営業と同じレベルで辛い作業と言えば、テレアポでしょう。これは、飛び込み営業の電話版です。いきなり会いに行っても断られることが多いので、あらかじめ電話で約束をとりつけてから行くというものです。

ただし、こちらもある意味、いきなり電話をしているため、断られるケースが多い手法です。考えてみれば当たり前です。誰ともわからない人から電話がかかってきて、「会わせてくれ」と言われても、たいていは応じるはずがありません。

その結果として、ほとんどの場合、冷たく断られることになります。

断られがちなテレアポのセリフとしては、

「はじめまして、いつもお世話になっています。私、〇〇会社の〇〇と申します。本日は、弊社の画期的な商品につきましてご案内させていただきます。失礼ですが、社長さまはいらっしゃいますでしょうか？」

こんな感じが多いのではないでしょうか。私のところにもよくかかってきますが、このような電話に対しては、もう反射的に「社長はいません」と断るようにしています。まあ、私が社長なのですが、そんなときは居留守を使います。いずれにしても、断るのが一般的です。

さて、このテレアポにも5秒あいさつが応用できます。

「あなたに向けて、あなたに適した商品・サービスのご案内です」ということを冒頭で伝えるのです。

たとえば、

「出版物のデザインをメインに行なっている会社です」
「上場企業専門の営業マンの育成を行なっています」

などのように最初に伝えることで、こちらの目的を明確にします。

私は現在、講演やセミナーなどでテレアポの手法を解説することがありますが、そこで紹介しているのが、「ＴＦＴアポ取り法」と名づけた手法です。これは、私が考案したもので、相手に断られることなく自然にアポイントがとれるように工夫してあり、多くの企業から好評を得ています。

もちろん、５秒あいさつの要素を取り入れたものです。ＴＦＴアポ取り法に関しては、私の著書『アポ取りの達人（法人営業編）』（ぱる出版）を参考にしてください。

５秒あいさつの基本形「誰に」、「何を」という考え方は、営業のシーンでも使えるものなのです。ぜひ、意識して使ってみてください。

ホームページやブログのキャッチフレーズに活用

なぜ、私のところにたくさんの取材が来るのか？

今、ビジネスを行ううえで、ホームページの役割がどんどん比重を増しています。

私に関して言えば、今では新規の仕事の約7割が、ホームページからのものになっています。この割合は、今後ますます増えていくことでしょう。

私自身もそうなのですが、相手について知ろうとするときは、まず相手のホームページを見るのが常識になっています。それだけ、ホームページは見られる度合が高いということです。

というわけで、私のホームページでも、5秒あいさつの言葉をしっかりと載せています。

ここを訪れてきた人に、きちんとアピールしたいからです。

「内向型専門」

「サイレントセールストレーナー」

そして、それが功を奏しているとしか思えない現象が起きています。雑誌や新聞、ラジオやテレビなどからの数多くの取材です。

私と同様の仕事をしている人は世の中にたくさんいますが、その人たちと比べても、圧倒的に私への取材が多いようなのです。

マスコミに取材を受けてそれが記事になれば、それは無料の広告となります。場合によっては、広告以上の宣伝効果をもたらしてくれます。

実際に、雑誌や新聞を見て私に興味を持ち、ホームページに訪れて来る人が増えています。そこから、セミナーに参加したり、研修の依頼につながっているのです。

では、どうして私のところに取材依頼が来るのでしょうか？

コンサルタントして優秀だから？　いえいえ、決してそんなことはありません。

その理由は、「記事として取り上げやすいから」だと思っています。

たとえば、雑誌の特集で「思っていることをうまく伝える営業テクニック」というテーマがあったとします。このテーマの根底には、「自分の考えをうまく表現できなくて悩んでいる人に読んでほしい」というターゲティングがあります。

そこから、口下手で気弱な人という傾向が見えてきます。

さて、そんなテーマについて誰に取材するか？

営業のプロとして営業コンサルタントの人に聞こう。

そこで、インターネットで検索してみると……もうおわかりですね。


営業コンサルタントとしてのトータルの分野では、他の人が選ばれるでしょうが、ある一定の分野（内向型・口下手など）に関しては、私が〝**独占的に**〟**選ばれやすい**のです。

また私としても、その得意の分野で声をかけてもらったほうが都合がいいのです。あなたも、あなたの得意分野で突出することを意識しましょう。

5秒あいさつは優れたSEO対策だ

ネットの検索という点で見てみると、検索上位を狙うSEO対策というものがあります。特定のキーワードで検索されたときに、検索結果の上位に表示されるように対策する技術です。

私は、とくにSEO対策をしているわけではありませんが、結果的に上位にランクされています。

もちろん、本を書いているというのもひとつの要因ですが、それよりも、検索されたとき、確実にヒットする言葉に絞っているためだと考えています。

「誰に」、「何を」という5秒あいさつの基本的な考え方は、自分の強みをわかりやすく伝える手法でもあります。**そこで選んだキーワードは、そのままインターネット上での検索ワードにもなる**のです。

ちなみに、「営業・コンサルタント・内向型」という複数ワードで検索すると、トップページすべてが私に関するリンクになっています。もちろん、ニッチな市場ではありますが、このワードで検索した人は、私のことを**この分野の第一人者だと認識する**でしょう。

このようにホームページやブログなどで、自身の5秒あいさつワードを使えば使うほど、検索上位に来やすくなります。ぜひ、それを意識して使ってください。集客がどんどん楽になるはずです。

ツイッターの自己紹介もこれで決まり！

フォローするときにまず見るのがプロフィール

ＳＮＳと呼ばれるサービスが伸びています。Ｔｗｉｔｔｅｒ（ツイッター）やＦａｃｅｂｏｏｋ（フェイスブック）と言ったほうがわかりやすいかもしれません。

とくに、フェイスブックの急成長はめざましく、２０１０年には、米国におけるサイト訪問者数のシェアが、グーグルを抜いて1位になりました。

手軽に情報を発信することができて、それをツイッターで言うところのフォロワーと呼ばれる人たちに瞬時に送ることができます。フォロワーを何万人も持っていれば、それだけの広報力があるということです。

つまり、フォロワーをたくさん集めれば、ビジネスにも大いに活用できるのです。

では、どうやってそのフォロワーを集めるのかというと、オーソドックスなパターンとしては、自分が気になる人をフォローして、その人からのフォロー返しを待つというのが一般的です。

そこで、重要なのがプロフィールです。プロフィールを登録するとさまざまな個人情報を公開することができ、それを見た人がフォローするかどうかの判断基準にしています。

しかも、その判断はほんの一瞬です。じっくりと相手の情報を見るというよりも、ほぼ直感に近い感じでフォローすることが多いのです。

つまり、ここでも最初の一行がとても重要だということなのです。


ちなみに、２０１０年4月時点での私のフェイスブックのプロフィールは、こんな感じで始まっています。

「内向型で売れずに悩む営業マン向けのコンサル、本の執筆、講演などを行なっています。そんな私の仕事がＴＶ番組の『たけしのニッポンのミカタ！』で紹介されました」

もうおわかりですね。ツイッターなどのＳＮＳのプロフィールにも、この5秒あいさつが有効なのです。ぜひ、活用してみてください。

広告や看板に使って集客効率をアップさせる

振り向いてほしい人だけに訴える

リクルート時代の私は、求人広告の営業をやっていました。企業（主に社長）がほしい人物像を聞き出して、それをもとに広告を制作し、読者に呼びかけて募集をするのです。

ある日、ある会社の社長と打ち合わせをしていたとき、ふと応接室の本棚を見ると、そこには私の好きな本がたくさん並んでいました。

「歴史ものがたくさんありますね。私もけっこう好きなんです」

「そうですか。日本の幕末なんていいですよね。私はとくに新撰組が好きで、その手の本はずいぶん読みましたよ」

こんな会話がきっかけで、しばらくは幕末の話で盛り上がりました。それから、話題は中国の古典に移って、ふと社長が漏らした言葉は、

「実は、梁山泊《りょうざんぱく》のような会社にしたいんですよ」

というものでした。梁山泊とは、中国の小説『水滸伝』に出てくる理想郷で、各国の猛者たちが集まる場所のことです。この言葉に、私は深く共感しました。

そうしてできた求人広告のタイトルは、「梁山泊ここにあり」というものでした。

こんな求人広告は、他では見たことがありませんでした。部署内からも、「こんなのはダメだ」といった批判も出ました。

しかし、私は確信していました。「これはいける！」と。

その結果、応募者はたったの3名。しかし、その3名は選りすぐりの人物たちだったのです。社長が、ほしいと思っていた人物にドンピシャでした。

正直に言うと、私は応募者が1人でもかまわないと思っていました。この広告を見て来た人なら、つまり「梁山泊」という言葉に反応する人なら、この社長とうまくやれるはずだと思っていたからです。

この採用は大成功でした。私にとって、ターゲット像を絞り込むことの効果を実感できた仕事となりました。

もちろん、一般の広告でも同じことが言えるでしょう。ご自分で使っている広告やチラシなど、もう一度ターゲットの確認をしてみることをおすすめします。

同じことは、店の看板などについても言えます。こんな人に来てほしい、という気持ちを看板で伝えましょう。どうせ目の前を通る人が、すべて来店するはずなどないのですから、これを見れば確実に入ってくれる、という人に対してだけアピールする言葉を添えてみてはいかがでしょうか。

5秒あいさつで考えた言葉を、単にあいさつする場だけで使うのはもったいないことです。あなた自身をアピールできる場では、すべて応用しましょう。**どこからでも声がかかる態勢を整えておく**のです。

そのうえで、声をかけてきた人への対応をしっかりと準備しておくことが肝心です。集客することばかりに集中しすぎると、フォローがおろそかになりがちです。

せっかくこちらに興味を持ってくれたのですから、さらにもう一歩深く入り込んでみるのです。

それには、どうすればいいのか？　次章でしっかりとマスターしてください。

6章

お客さまを集めた後の準備も万全に！

「売り込まない集客」が今後の主流に

「押したら逃げる」のがお客さまの心理

さて、いよいよ最後の章です。これまで、5秒あいさつによる集客の仕組みとコツについて解説してきました。いかがでしたでしょうか？

そして、ここからは5秒あいさつによる「集客」から、より確実に「売上げ」に結びつけるために必要なことを解説していきます。ビジネスのゴールは、お客さまを集めることではなく、買ってもらうことだからです。

つまり、「マーケティング」から「営業」へと、うまくシフトできる仕組みです。

興味を持ってもらった相手に対して、次にどうアプローチしていくか。実は、ここでつまづいてしまう人がとても多いのです。その失敗の多くは、「売り込みすぎ」によるものです。

あなたにも経験はないでしょうか？　店に入ると、すぐに店員が寄ってきて、あれこれと商品を勧められたことが。まだ買う気もなく、ただ何となく眺めているだけなのに、しつこく店員につきまとわれて、結局何も買わずに店を出てしまった経験は誰にでもあると思います。せっかく集客に成功したのに、実にもったいない話です。これと同じようなことをしている人を、よく見かけます。

集めたリストに対して、メールやＤＭをガンガン送りつけたり、電話でしつこく追いかけて、あげくのはてにはアポもとらずに直接会いに行くなど……。それをされる側のお客さまの気持ちを考えたことはあるでしょうか。

「また来たよ。ちょっと興味があっただけなのに、本当にしつこいなあ」

まだ買う気もないのにゴリ押しされると、お客さまは逃げていってしまいます。それでも押し続けると、怒り出します。そうなってしまっては、もう見込み客ではありません。それどころか、逆に敵にまわしてしまうことになります。その結果、そのお客さまはライバル他社に流れていったり、最悪の場合は悪評を流されることもあります。

営業するという行為は、度を超すと逆効果になってしまうのです。

そうならないように、集客後のアプローチまで考えてから行動したいものです。

お客さまは自分で選びたがっている

すでに述べたように、昔と今の大きな違いは、お客さまが自由に商品を選べるということです。あなたの商品にも競合他社があることと思いますが、そのように類似した商品があることをお客さまはよく知っています。

たとえば、お客さまが薄型テレビを買う場合の流れとしては、

①インターネットで、各メーカーの製品の性能や仕様を確認する

↓

②ほしい機種を扱っている店の中で、最も安い店を調べる

↓

③店に行って、さらに店員から話を聞いて決める

だいたいこんな感じではないでしょうか。

現在の購買行動というのは、「選ぶ」という行為が基本にあります。選べないと買わない、と言ってもいいでしょう。ですから、一人の営業マンがどんなに丁寧に説明しても、お客

さまはその場で決めてくれないのです。

お客さまの「検討します」というのは、他の類似商品と比較検討してから決めるという意味です。そして、営業マンや店員に少しでも「気に入らない」要素があると、その商品はたちまち除外されてしまいます。

今、お客さまが求めているのは、「自分が欲しい機能を持った商品」というだけではありません。機能に満足するのは当たり前で、その他の要素として、「類似商品の中でベストなものを選びたい」という欲求が強いのです。

安易に決めて後悔したくない。人の口車に乗ってだまされたくない。そして、どうせ同じ商品なら安い店で買いたい。それが本音です。

ということは、はじめから「自分の商品を選んでもらいやすくなる」ようにアプローチするべきだ、ということなのです。

意識すべきは「目の前のお客さま」ではない

お客さまの頭の中は、常に他社と比較している

営業でお客さまと1対1になったとき、どこに意識を置くべきだと思いますか？

「そりゃあ、目の前のお客さまに決まっているよ！」

そう思うかもしれません。これは、ある意味では正解ですが、それだけでは不十分です。

なぜかと言うと、お客さまの意識は、こちらだけを向いているわけではないからです。

こちらの話を聞きながら、頭の中では「なるほど。でも、他の会社の製品はどうなのかな」と、常に比較をしています。


それなのに、こちらがお客さまだけを見て自分の商品のことを説明しても、説得し切れないのです。

そこで意識すべきことは、横に並んでいるあなたの競合です。と言っても、もちろん目には見えませんが、それを無視していては競争に勝つことはできません。

お客さまと営業マンとの視点の違い

お客さまと1対1の場面でも

↓

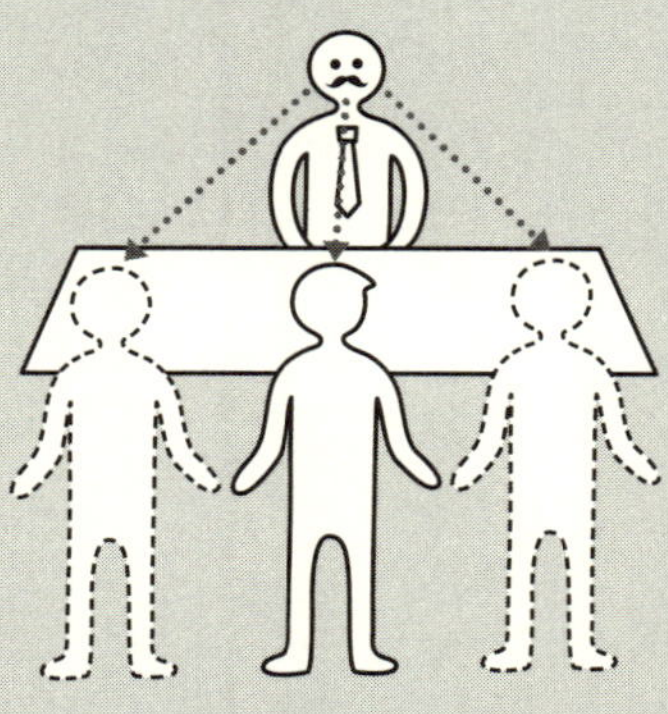

お客さまは、常にあなたの同業他社と比較している

自分と競合との違いはどこにあるのか

5秒あいさつを考えるときも、これと同じことが言えます。自分のことを説明するというよりも、**お客さまが競合他社と比較したとき、自社が優位に立てる情報を伝えることに注力すべき**なのです。

あなたの5秒あいさつは、単なる商品説明になってはいないでしょうか？　お客さまは、商品を選ぶための情報がほしいのです。似たような商品がいろいろある中で、すばやく正確に決定したがっています。その選択の手助けをしてあげながら、こちらの優位性を伝えることこそが、理想の5秒あいさつと言えるでしょう。

今の時代、自社の商品の説明しかできない営業マンは、お客さまからは選ばれません。選ばれる営業マンというのは、他社のものも含めて、その商品群のアドバイザー的役割ができる人です。つまり、お客さまが商品を選択するための手助けができるかどうか。それを、集客の段階から意識することができれば強力な武器となります。

意識すべきことは、横に並んで座っている、見えない敵（競合他社）なのです。

5秒あいさつの真価は「口コミ」を発生させること

勝手に紹介してくれる流れをつくる

あなたが意識すべき見えない相手は、もう一人います。それは、お客さまの「後ろ」にいる人です。

あなたには見えていませんが、お客さまはよく知っている人。つまり、お客さまの知り合いです。5秒あいさつは、その知り合いの人にまで伝わることを意識すると、格段に効果が上がります。いわゆる口コミ効果です。

4章でご紹介した帽子屋の話を憶えているでしょうか？

「メガネをかけたショートカットの女性にピッタリの帽子を扱っています」

これを、男性の前で言ったらどうなるでしょう。もちろん、目の前の人には売れませんが、その人の知り合いの女性に伝われば、売れる可能性がグンと高まります。これが、口コミによる宣伝効果です。

その人が、勝手にあなたの商品をＰＲしてくれたら、あなたはとても楽になるはずです。別に、無理にお願いしているわけでもなく、宣伝費などもかかりません。

口ベタで説明が苦手な私は、どうしたら言葉少なく相手に伝わるかを常に考えてきました。その理想型がこの口コミです。

一人歩きしてくれる5秒あいさつとは?

では、どうすれば口コミで広がっていくのでしょうか？　その答えは、思わず人に言いたくなるような、ちょっと変わったものにすることです。

帽子屋さんの例も変わっています。メガネをかけたショートカットの女性専用の帽子など、どこを探してもないでしょう。つまり、話題性が高いのです。

しかも、その話題ではターゲットが明確になっています。あなたの知り合いにも、メガネをかけたショートカットの女性がいないでしょうか。この5秒あいさつを聞いたとき、思わずその人のことを思い出して、そして聞かせたくなる。そんな気持ちが、口コミを発生させてくれるのです。

伝わりやすい言葉の特徴をまとめると、

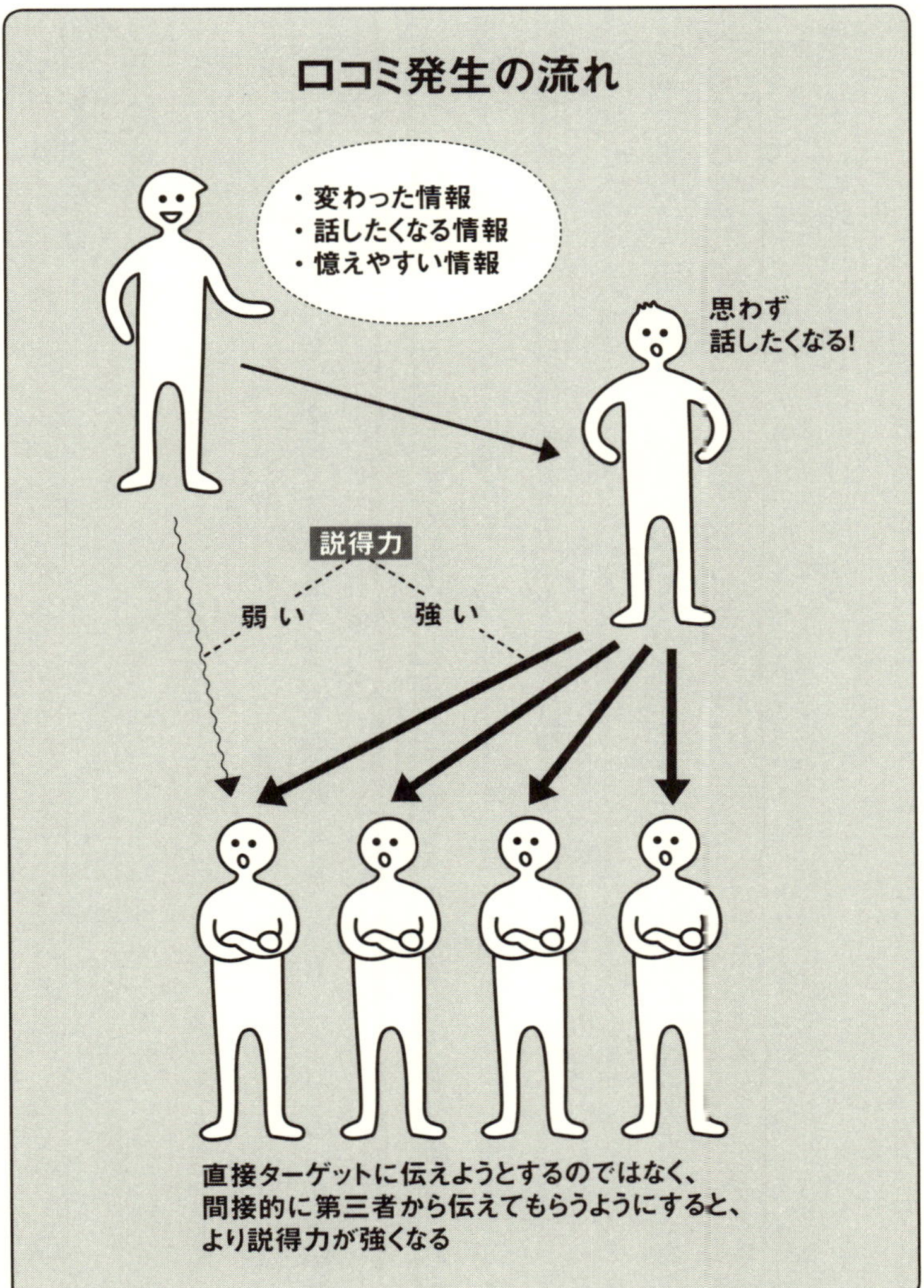
口コミ発生の流れ
・変わった情報
・話したくなる情報
・憶えやすい情報
思わず
話したくなる!
説得力
弱い
強い
直接ターゲットに伝えようとするのではなく、
間接的に第三者から伝えてもらうようにすると、
より説得力が強くなる

①変わっている
②話したくなる
③憶えやすい

つまり、当たり前のことやありふれたものでは、口コミになりにくいということです。

さらに、口コミには効力があります。あなたが直接伝えるよりも、第三者の口から伝わったほうが、より説得力が高まるのです。知っている人から聞く話ですから当然でしょう。

そこで意識すべきことは、目の前の人に買ってもらおうとするのをやめることです。「こんな人にピッタリの商品があるのですが、誰かいませんかね？」と、相談するように接するのです。あなたの商品を売るための仲間になってもらうのです。

人は、自分に売りつけられると思ったら身構えますが、そうではなく相談されるとなると、案外心を開いて親身になってくれるものです。

そうして、あなたが伝えた情報が勝手に一人歩きをしてくれるようになれば、あなたの集客はどんどん楽になっていくはずです。

噂されている自分を想像する

伝わりやすい5秒あいさつを考えるときの、ちょっとしたコツがあります。それは、**人が誰かに自分のことを伝えている姿を、具体的にイメージすること**です。

たとえば私の場合、

「営業コンサルタントで変わった人がいましたよ。内向型営業マン専門だそうで、当人も無口な人なんですが、それでもトップ営業だったそうです」

「へえ、それは面白いですね。私もどちらかというと内向型なので興味があります」

「よかったら、ご紹介しますよ」

というように、話題にしてもらうようにイメージしています。何となく、私のことを話している当人も楽しそうにしているような気がしませんか? 顔の表情まで想像できるようです。

おそらく、それは事実です。実際に、そのような経緯で仕事につながったことが何度もあるからです。私の知らないところで勝手に噂されているのでしょう。でも、こんな噂なら、どんどんしてほしいものです。

あなたの商品も、誰かに噂されているところを想像してみましょう。しかも、うれしそうに噂されているシーンです。

もっと言うと、TVの情報バラエティ番組などで、面白おかしく紹介されていることをイメージしてみるのもいいかもしれません。

口コミで広がるというゴールシーンから逆算すると、どう伝えるべきかが見えてきます。憶えやすい言葉になっているか？　思わず話したくなる話題になりそうか？　自分だけでなく他人が伝えやすいものか？　そのように考えることで、よりよい5秒あいさつが完成します。

想像力を膨らませて、自分でもニヤニヤしながら考えてみてはいかがでしょうか。

大勢に伝わらない工夫をしよう

100分の1の人だけを意識する

セミナーでの自己紹介など、大勢の人の前で話をする機会があると、どうしても全員に対して伝えようとしてしまいがちです。もちろん、全員に伝わってそれがどんどん口コミで広がってくれるのなら、そんなすばらしいことはありません。

しかし、現実的にはそれは無理です。それこそ保険の営業マンが、「どんな保険でも扱っているので、何でも承ります」と言っているようなものです。そんなあいさつなど、誰もまともに聞いてはくれないでしょう。

そこで心がけとして、**みんなに伝わらないようにするにはどうするか、という逆の視点が重要**です。会場にいる人の中で、たった一人にだけ伝わる言葉とはどのようなものでしょうか？

イメージとしては、タモリが司会をしている『笑っていいとも！』のテレフォンショッキングというコーナーで、客席１００人の中で1人だけに該当するものを当てるものがありますが、まさにあれです。

「今日、これから海外に行く人?」「今週、カレーを3回食べた人?」など、たいていの人には当てはまらないことを考えます。それと同じことするのです。

「あと10年で、リタイヤする人のための保険」
「従業員30名以下のＩＴ企業の社長専門コンサルタント」
「大工さん専用の弁当箱」

何度も言いますが、ここで絞るほど話題性が増して、情報が一人歩きをしてくれます。狙いはそこですから、「こんな人、ホントにいるの?」というくらいにまで絞り込んでいきましょう。

セミナー会場の全員に知ってもらうよりも、一人の人だけに情報を持って帰ってもらったほうが確実に結果につながるからです。

心地よい距離感を心がけよう

せっかく集めても離れていくお客さま

興味を持っていただいたお客さまに対して、その後どのように接していくのかというのは、とても重要なポイントです。そのまま黙っていても、相手から来てくれるのが理想ですが、なかなかそううまくはいきません。

こちらから何らかのアクションを起こさないと、お客さまの気持ちはすぐに冷めてしまいます。

そこでよく行なわれるのが、メールやＤＭによるフォローです。定期的に情報を送って興味を盛り上げて、何とか買ってもらおうとするのですが、それがかえって逆効果になることもあります。

以前、家の引越しを計画したとき、数社の不動産会社に資料請求をしたことがあります。すると、その後すさまじい勢いで電話営業をかけられました。

もう他で決めたと言っても、「いい物件があるのでぜひ！」と電話でまくし立ててきます。こちらの都合など、まったくおかまいなく、自分の言い分ばかり押しつけようとする営業スタイルには、ほとほとうんざりさせられました。

もちろん、その会社の印象も悪くなったので、今後も付き合おうとは思いません。

せっかく資料請求で集客できたのに、逆に悪印象を与えてしまった例です。

適度な距離を保つことが重要

人間同士で一緒にいるときも、近づきすぎると不快だけど、離れすぎたらさびしいということがあります。ですから、適度な距離を保つのが最も心地よい状態となります。

洋服を買おうと店に入ったときも、店員さんがほどほどの距離感で接してくれると、とても気持ちよく買い物をすることができます。べったりと張りつかれるのは不快ですが、かと言って、何か聞きたいとき、近くに誰もいないのも不満です。

私が理想とする店員さんは、ちょっと離れた位置にいて、意識だけはこちらに向いている人です。私が店員さんを呼ぼうとして店内を見渡したとき、すぐにこちらに気がついて来てくれる感じがベストです。

心地よい距離感があるだけで、その店のファンになります。

集客のときのお客さまとの関係も、そうあるべきだと考えています。

あまりしつこく、メールやＤＭが送られてくるのは不愉快ですが、かと言って、何も接触してこないというのも「忘れられているのかな？」、「相手にされていないのかな？」とさびしく感じます。

５秒あいさつでこちらに興味を持っていただけたなら、その後も適度な距離感を保ちながらアプローチをしていきたいものです。

それには、メールでもＤＭでも電話でもかまいませんが、商品案内だけを送り続けるのではなく、「常に、あなたのことを気にかけていますよ」という、気持ちのいい店員さんのような接し方がいいでしょう。お客さまとの距離感を、ぜひ意識してみてください。

フォローツールを用意しておく

プロセスだけで満足してはいけない

大切なことなので何度も言いますが、「集客」はビジネスの最終目的ではありません。あくまでも、「売上げ」につなげるためのプロセスなのです。

5秒あいさつも、相手の興味をガッチリとつかむことが目的ですが、ともすると、それだけで満足して終わってしまう場合もあります。

前述しましたが、私のサービスコンテンツのひとつに、「ＴＦＴアポ取り法」というものがあります。営業での新規アポイントをとるための手法を解説するもので、定期セミナーや書籍にもなっています。

ある日、この手法の個別指導を行なった担当者から、お目当ての会社でアポイントがとれたという喜びの電話が来ました。指導の成果に満足していただくことができて、私自身も満足でした。

ところが後日、その後の様子を聞いてみると、何だか冴えない様子です。アポイントをとって先方と会ったものの、その先の受注にはつながらなかったとのことでした。

くわしく聞いてみると、その原因がわかりました。彼は、アポイントをとることにばかり集中していて、実際に会ってからどうするかを考えていなかったのです。何の資料も持たずに、初対面のお客さまと接していたのです。それでは、注文がとれるわけがありません。

アポイントをとることは、注文をもらうためのプロセスの一部です。大切なのは、その後の注文に結びつけるための準備だと伝えました。

アポとりも、ある意味では集客と似ています。どちらも、商売のとっかかりになるうえに、かなり難易度が高い技術でもあります。ですから、どうしてもそこにばかり意識が集中してしまい、その後のことがおろそかになりがちなのです。

あなたの5秒あいさつに興味を持った人が現われたら、すぐに次の行動に移せる準備をしておきましょう。

手渡すための説得ツールを常に持ち歩く

最初の5秒あいさつであなたに興味を持った人は、よりくわしい内容を聞きたいと思っています。そんな相手に対して、「では、また今度」と去ってしまうのは不親切です。

初対面の相手に対して、いきなり商品説明をしたり売り込んだとしても、聞いてもらうことはできません。しかし、5秒あいさつで相手の興味の確認をした後なら、話は別です。5秒あいさつを補足するツールを使って、**「興味」から「行動」に移してもらうアプローチ**をしましょう。

5秒あいさつをするチャンスは、いろいろな場面でやって来ます。ときには、道でバッタリ出会った人に行なうこともあるのです。もしかしたら、その場で商談になるかもしれません。そんなときのことも想定して、いつでも最低限の説明ができるツールを準備しておきましょう。

ちなみに私の場合は、パンフレット代わりの二つ折りの名刺と著書を常に持ち歩いていて、チャンスを逃さないように心がけています。また、自主開催のセミナーの案内チラシなども準備しています。

一般的には、商品案内のパンフレットや価格表や事例など、ふだんから営業で使っているツールを持ち歩くようにしましょう。さらに可能であれば、商品の現物を持って歩くことをおすすめします。何よりも説得力があるからです。

いずれにしても、5秒あいさつの後のことまでを想定して準備しておくことが必須です。

5秒あいさつ後の説得ツール例

- ・パンフレット
- ・価格表
- ・事例
- ・チラシ

- ・ニュースレター
- ・サンプル
- ・商品の現物
- ・動画などで見せられるもの

集客とは、お客さまにアクションしてもらう仕組みづくり

集客のシステムが大きく変わる

人の連絡先を集めるのは集客とは言いません。また、住所と電話番号、そしてメールアドレスを知っている人のことを「見込み客」とも言いません。

最後に、もう一度確認しておきます。

集客というのは、こちらからアプローチできる相手をかき集めることではなく、**相手に何らかの行動を起こしてもらうための仕組みづくり**のことを言います。

この不況期に、急速に売上げを伸ばしているモバゲーやグリーなど、無料モバイルゲーム業界のビジネスモデルを見てみましょう。

基本的には、携帯で遊べるゲームを無料で提供することで集客を行なっています。この段階では、まだ利益は発生しません。ユーザーも、無料である程度のクオリティを持ったゲームができるため、最初は満足しています。

しかし、ある一定期間ゲームをしていると、少しずつ「欲」が出てきます。もっと楽しみたいという気持ちです。その気持ちを満足させるには、少しだけお金がかかります。しかし、その段階ではもうゲームのファンになってしまっているため、多少の金額ならむしろ「安い」と感じて気軽に支払います。

もちろん、その他にもきめ細かなシステムによって、このビジネスモデルは成り立っています。

ある意味で、気持ちをあおるビジネスと言えるかもしれませんが、少なくともユーザーは「無理やり買わされた」とは思っていません。ここが大きなポイントです。

顧客の意思で「買った」ものは強い

人は、自分自身で決めて行動したことに関しては、満足度が高くなります。そこで不満を言ったら、自分の決断を否定することになってしまうからです。そして、**満足した買い物をすると、人にも伝えたくなります。**

よく、安い買い物をしたときなど、「これ、いくらしたと思う？」などと人に自慢したくなりますが、それと同じです。自分で決めて買ったものを、実際に使ってみてさらに満足したら、もう誰かに言わずにはいられません。身振り手振りで、実感を込めて知人に説明することでしょう。

それこそが、無料携帯ゲーム業界の狙いです。顧客自身が、優秀な営業マンになってくれる仕組みを構築したからこそ、急成長していると言っても過言ではありません。

集客を考えるとき、従来のように単に名簿を集めるのではなく、お客さまが自ら選んで買いに来る仕組みづくりを目指しましょう。

そうすると、

・勝手に人に勧めてくれる
・商品のよさを、熱く説明してくれる
・また買ってくれる
・根強いファンになってくれる

そんな顧客が、どんどん増えたら理想的でしょう。

そして、その仕組みは作ることができます。5秒あいさつを考える時点から意識していれば、可能です。

お客さまを集めるのではなく、お客さまが集まる仕組みを作って、あなたのビジネスをより楽に加速させていってください。

さて、本書はこれで終わりです。

しかし、あなたがやることはこれからです。

ぜひ、今すぐに白い紙を用意して、思いつくままに言葉を書き出していってください。あなたの商品を、あなたの会社を、そしてあなた自身をアピールするのに最適な言葉を見つけ出す作業を、今すぐはじめましょう。

もしかしたら、明日出会いがあるかもしれません。大切な出会いやチャンスは、いつもいきなりやってきます。そこで、スパッと5秒あいさつができるかどうかによって、その後の運命も大きく変わります。

自分のイメージどおりの将来を迎えるのは、今のあなたしだいなのです。

おわりに

最後までお読みいただき、ありがとうございます。

自分の考えを言葉にすること――これは、私自身にとっても大きな課題でした。

「言ってくれないとわからない」

子供の頃からは友だちや先生から言われ、物心ついてからは女性からもよく言われてきました。それなりに、自分の考えや思っていることはあるのですが、それがどうしても言葉にならない性格だったのです。

口で言わなくても、わかってくれる人はわかってくれるだろう。態度やふるまいで察してくれ。そんな、自分本位なことを思っていました。

当然のことですが、そのために誤解を受けたり、意に反した結果になることもたくさんありました。今思えば当たり前です。自分で相手に伝えようと努力していなかったのですから。

プライベートならまだしも、これがビジネスとなると、より深刻な問題を引き起こしてしまいます。私は過去に何度も失敗してきました。

自分が何をやりたいのか？　何がほしいのか？　人にどうしてほしいのか？

心の中で祈っているだけでは、誰も何もしてくれません。もし、それでも実現したとしたら、それは奇跡です。しかし、ビジネスで奇跡に頼っているわけにはいきません。やはり、「情報を発信する」行動が必要になってきます。

そこで、私のような性格でもできる情報発信の方法を考えました。ごく少ない言葉でも、また小さな声でも伝わるような自己ＰＲ方法。それが「５秒あいさつ」です。

私にとって、それは大きな武器になりました。

最後に、その武器をより有効に使うためにすべきことをお話しします。

これはあるラジオ番組で聴いたもので、私のセミナーの最後にはいつも引用させてもらっている話です。

「流れ星に願い事をすると夢が叶う」とよく言われていますよね。

これって迷信でしょうか？

私は迷信だとは思いません。本当のことだと思っています。

本当に流れ星に願い事をすれば、それが叶うとマジメに思っているのです。

流れ星というのは、何の前触れもなく急に現われて、そして一瞬で消えてしまいます。

普通なら、その一瞬で自分の願い事を思い出すことすら難しいことでしょう。それができる人というのは、ふだんからその願いを強く思い続けている人です。

つまり、いつも考えていることだから、とっさに願い事として思い出せるのでしょう。

そして、そんな人の願いなら、きっと叶うはずです。


自己紹介をはじめとするあいさつの場というのは、急に訪れることが多いものです。いきなり指名されたり、いきなり出会ったり。

これって、流れ星と似ていると思いませんか？

そんなときにスッと自分自身のＰＲができる人というのは、それだけいつも意識して行動している人と言えます。

日頃から意識していることは、実際に実現しやすいのです。そのためには、ふだんから準備しておいて、いつでもどこでも出せるようにしておくことです。


常に意識しているかどうかの違いは、将来的に大きな差になるでしょう。

自分のやりたいこと、自分の夢、将来像などを、5秒間の言葉にして、いつも持ち歩くこと。そうしていれば、すぐにそれを伝えることができます。

人に伝わることで、夢や目的は実現へと向かいます。

ぜひあなたも、明るい未来につながる5秒間を作ってみてください。

著者略歴

渡瀬　謙（わたせ　けん）

サイレントセールストレーナー・有限会社ピクトワークス代表取締役
1962年生まれ。神奈川県出身。小さい頃から極度の人見知りで、小中高校生時代をとおしてクラスで一番無口な性格。とくに、小学校の通知表にはいつも、「もっと積極的に」と書かれていた。明治大学卒業後、一部上場の精密機器メーカーに入社。その後、（株）リクルートに転職。社内でも異色の無口な営業スタイルで、入社10ヶ月目で営業達成率全国トップとなる。94年、有限会社ピクトワークスを設立。広告や雑誌制作などを中心にクリエイティブ全般に携わる。日々の営業を通して気づいたことを無料メールマガジン「営業のカンセツワザ」（読者6000名）で配信し好評を得る。それをきっかけに、事業を営業マン教育の分野にシフト。しゃべらない営業をモットーに、「サイレントセールストレーナー」として、セミナーや講演、社員研修などを行なって現在に至る。とくに、営業トークを使わない「TFTアポ取り法」や、学生アルバイトを3日間の研修で、営業初日に売ってくるまでに育てる独自のトレーニング手法「ステップ営業法」には定評がある。
主な著書として、『営業ビジネスマナー超入門』（日本実業出版社）、『左利きの人々』（中経出版）、『アポ取りの達人（法人営業編）』（ぱる出版）、『内向型営業マンの売り方にはコツがある』『内向型人間の人づきあいにはコツがある』（いずれも大和出版）、『「しゃべらない営業」の技術』（PHP研究所）、また新人教育のためのビジネス小説『新入社員ヒロと謎の育成メールの12カ月』（集英社）などがある。

HP　http://www.pictworks.com

たった5秒のあいさつでお客様をザクザク集める法

平成23年6月2日　初版発行

著　者 —— 渡瀬　謙

発行者 —— 中島治久

発行所 —— 同文舘出版株式会社

東京都千代田区神田神保町1-41　〒101-0051
営業　03（3294）1801　編集　03（3294）1802
振替　00100-8-42935　http://www.dobunkan.co.jp

ISBN978-4-495-59391-9

印刷／製本：萩原印刷
Printed in Japan 2011